DAS OSMANISCHE REICH: UNVERHÜLLT

DAS OSMANISCHE
REICH: UNVERHÜLLT
Erhan Afyoncu

Übersetzung
Nilüfer Epçeli

Chefredakteur
Sahure Ergüzel

T.C. Ministerium für Kultur und Tourismus
Zertifikat Nr: 49829

ISBN: 978-975-6480-81-6
Yeditepe Yayınevi: 68
Studie-Forschung: 44

1. Ausgabe: September 2007
4. Ausgabe: Februar 2023

Layout
ademsenel.com

Deckel
Yusuf Kanaş

Drucken
Mega Drucken
Cihangir Nachbarschaft Güvercin Straße Nr.: 3/1 Baha Geschäftszentrum
Block A 34310 Haramidere, Istanbul Türkei
Tel:+90 (212) 412 1700 (Zertifikat Nr.: 44452)

YEDİTEPE YAYINEVİ
Çatalçeşme Straße. No: 52/1 34410 Cağaloğlu-İstanbul
Tel: (0212) 528 47 53 Faks: (0212) 512 33 78
www.yeditepeyayinevi.com / bilgi@yeditepeyayinevi.com

DAS OSMANISCHE REICH: UNVERHÜLLT

~

ERHAN AFYONCU

ERHAN AFYONCU

Geboren 1967 in Tokat. Abschluss des Studiums an der Marmara Universität, Atatürk Erziehungswissenschaftliche Fakultät, Abteilung für Geschichtslehrer im Jahre 1988. Im Jahre 1989 startete er seine Karriere als Forschungsassistent in der gleichen Abteilung. 1999 Abschluss des Masterprogramms im Jahre 1990 mit der Dissertation "Necati Efendi, Tarih-i Kırım (Rusya Sefâretnâmesi)". Doktorat im Jahre 1997 mit der Dissertation "Osmanlı Devlet Teşkilâtında Defterhâne-i Âmire". Erhan Afyoncu schrieb zwei Bücher mit den Titeln "Tanzimat Öncesi Osmanlı Tarihi Araştırma Rehberi" und "Sorularla Osmanlı İmparatorluğu" (6 Bände) und verschiedene akademische Abhandlungen über die osmanische Geschichte. Seine Hauptthemen sind die osmanische Bürokratie, Geschichtsschreibung und Klans. Neben seinen akademischen Arbeiten, schreibt Erhan Afyoncu populäre Geschichtsartikel und bereitet TV-Programme vor. Er ist nach wie vor Lehrkörper an der Fakultät für Naturwissenschaften und Literatur der Marmara Universität in der Abteilung für Geschichte.

Email: eafyoncu@hotmail.com

INHALTSVERZEICHNIS

VORWORT

Das Osmanische Reich ist zusammen mit dem Römischen Reich und dem Britischen Imperium eins der drei größten Weltreiche. Mit einer Herrschaft von über 600 Jahren in den wichtigsten Regionen der Welt wie dem Balkan, in Nahost und dem Kaukasus ist das Osmanische Reich einer der wichtigsten Akteure, die zur Formung der heutigen Welt beitrugen.

Auch wenn sie schon lange die Bühne der Weltgeschichte verlassen hat, führt der Einfluss des Osmanischen Reichs - genauso wie der des Römische Reichs und des Britischen Imperiums - weiter fort. Die Charakteristik der Länder unter jahrhundertlanger osmanischer Verwaltung hat sich in diesen Zeiten geformt. Die religiösen und ethnischen Gruppen in der Region vom Irak bis nach Bosnien traten unter omanischer Verwaltung hervor. Osmanische Architektur und Stadtplanung hatten einen großen Einfluss auf die Entwicklung der Städte unter osmanischer Verwaltung.

Die jahrhundertlange osmanische Herrschaft hinterließ tiefe Spuren, deren Einfluss sich auch in der heutigen Weltpolitik noch bemerkbar macht. Die politischen und religiösen Politiken der Osmanen spielten eine große Rolle in der Gestaltung der heutigen modernen Welt.

Das Osmanische Reich mit seiner über 600-jährigen Geschichte war die letzte Weltordnung, die bis heute durch keine neue ersetzt worden ist.

Ich möchte hiermit Nilüfer Epçeli, Ahmet Önal, Uğur Demir, Mustafa Karagüllüoğlu und Ersan Güngör meinen Dank für ihre Unterstützung während der Vorbereitung dieses Buchs aussprechen.

DIE ROLLE DES OSMANISCHEN REICHES IN DER ENTWICKLUNG DER MODERNEN WELT

Wenn es um das Osmanische Reich geht, ist die überwiegende Meinung, es handle sich nur noch um Geschichte, um etwas Vergangenes, von dem keine Spuren mehr in der Gegenwart zu bemerken sind. Dabei ist gerade das Osmanische Reich, eins der drei größten Imperien der Weltgeschichte, das in den bedeutendsten Geographien der Welt wie auf dem Balken, in Nahost, in Kaukasien zwischen 1302 und 1922, in einer Zeitspanne von 600 Jahren herrschte, einer der wichtigsten Faktoren in der Entwicklung der heutigen Welt.

Schwertlose Eroberungen

Die Eroberungen der Osmanen stützten sich eher auf eine versöhnende Politik durch die Eroberung der Herzen als auf die Eroberung mit dem Schwert. Durch diese versöhnende Politik breitete sich die osmanische Herrschaft aus durch die Gewinnung der nichtmoslemischen Bevölkerung durch verschiedene Zusagen. Im Rahmen der traditionellen Toleranzpolitik des Islam sagte die osmanische Verwaltung der nichtmoslemischen Bevölkerung Sicherheit des Lebens und der Güter sowie Freiheit in der Ausübung ihrer Religion zu und befreite diese von ihren früheren feudalen Abhängigkeiten. Während z.B. in Serbien zur Zeit Duschanov Zakoniks den waltenden Gesetzen gemäß Bauern zweimal in der Woche Zwangsarbeit auf den Feldern ihrer Fürsten verrichten mussten, war nach Osmanischem Recht ein Bauer nur drei Tage im Jahr verpflichtet auf dem Feld des

Lehenbesitzers arbeiten. Die nichtmoslemische Bevölkerung hatte die Möglichkeit, anstatt Ableistung des Militärdienstes eine Kopfsteuer, die sogenannte „Cizye" zu zahlen, wogegen ihr staatlicherseits Sicherheit von Leben, Gütern und Religion zugesagt wurde.

Die Bevölkerung, die sich zum Schutz vor Streifzügen in die Festungen flüchtete, gewann mit der Herrschaft der Osmanen eine regelmäßige Staatsverwaltung. Infolgedessen erkannten viele Plätze freiwillig die Herrschaft der Osmanen an (zur Zeit Sultan Mehmet II., des Eroberers, rief die Bevölkerung von Morea und von Serbien den osmanischen Sultan freiwillig um Hilfe, damit er sie von ihren Despoten befreite). In solchen Fällen war das Operationsfeld jeweils das Gebiet jenseits der betreffenden Region. Die Eroberungen der Osmanen im Balkan wurden vorwiegend auf diese Weise bewerkstelligt. Die Behauptung, dass die Osmanen sich im Balkan durch Schwert und Feuer festgesetzt hätten, taucht in wissenschaftlichen Publikationen seit langer Zeit nicht mehr auf.

Die Osmanen nahmen neben der nichtmoslemischen Bevölkerung auch die griechisch-orthodoxe Kirche und deren Kloster unter ihren Schutz, stellten diese von jeglicher Steuer frei und rührten ihre religiösen Stiftungen auf keinen Fall an. Die Prioritäten und feudalen Rechte der heimischen feudalen Soldatenklasse wurde aufgehoben und in das Militärsystem der Osmanen integriert. Dadurch zogen sie die Bauern, die Kirche, die Stadtbewohner und die Soldaten auf ihre eigene Seite. Demzufolge konnte die Herrschaft in den eroberten Plätzen nach Auflösung der dort ansässigen und sich der osmanischen Staatsverwaltung widersetzenden Fürstenhäuser leichter eingeführt werden.

Der Balkan zeigte zudem wirtschaftlich eine große Entwicklung, nachdem die Zerstreutheit desselben beseitigt und der Balkan zum Teil eines großen Imperiums geworden war. Eine Vielzahl von Städten in Bulgarien, Serbien und Griechenland wuchsen und gediehen, nachdem sie Ruhe und Frieden gewonnen hatten.

Die europäischen nationalen Monarchien wurden vor dem Untergang gerettet

Das Osmanische Reich spielt eine effektive Rolle in der Entwicklung des modernen Europa. Zur Zeit Sultan Süleymans, des Prächtigen, wurde infolge der Tatsache, dass an den östlichen Grenzen keine großen Bedrohungen zu erwarten waren und infolge der Zustände auf europäischem Boden das eigentliche Ziel als Westen, also Europa festgesetzt. Zur gleichen Zeit hatte das habsburgische Fürstenhaus durch Verwandtschaftsbunde ihre Herrschaft auf einen Großteil Europas erstreckt. Länder wie Italien, Spanien, Österreich, Deutschland, Ungarn waren direkt oder indirekt mit dem Kaiserhaus Habsburg verbunden. Die einzigen Mächte, die sich den Habsburgern widersetzten, waren Frankreich und England. Somit führte die Einmischung der Osmanen in europäische Verhältnisse zur Wiederherstellung des politischen Gleichgewichts. Nationale Monarchien wie Frankreich, Holland und England gewannen mit dem Kampf der Osmanen gegen Habsburg ihr Existenzrecht. So erklärte der König von Frankreich im Jahre 1532 gegenüber dem venezianischen Botschafter, dass er „dank der Osmanen vor Karl V., dem Kaiser des Heiligen Römischen Reiches, geschützt" sei.

Die Osmanen verstärkten Frankreich gegen Habsburg durch Soldaten bzw. Geld und Handelsbeziehungen. Sultan Süleyman, der Prächtige, sandte im Jahre 1533 dem König von Frankreich 100.000 Goldstücke, damit er mit den Fürsten Englands und Deutschlands ein Bündnis gegen Karl V. eingehe. Nach den Kapitulationen an Frankreich im Jahre 1569 erhielten England im Jahre 1580 und Holland im Jahre 1612 dieselben Kapitulationen. Mit Hilfe der Osmanen wurde die Handelsherrschaft Venedigs in der Levante somit auf Frankreich und England übertragen. Die Engländer und Franzosen ersetzten später auch im Handel am Schwarzen Meer die Venezianer, indem sie osmanische Schiffe verwendeten. Der Handel im Osmanischen Reich und in dessen Einflussgebieten führte zur wirtschaftlichen Stärkung und zum Wachstum der beiden Mächte. Sowohl die Rohstoffe, die von den Engländern bzw. Franzosen in den Ländern des Osmanischen Reichs angekauft wurden, als auch die Produkte, die sie in ihren eigenen Ländern herstellten und ins Osmanische Reich verkauften, spielten eine große Rolle in der Entwicklung des Kapitalismus. Die Osmanen wurden, ohne es zu ahnen, ein Teil des europäischen Wirtschaftssystems, auf dem später der moderne Kapitalismus gewachsen ist.

England bittet den Sultan um Hilfe

Zur Zeit Sultan Murad III. wurden die Beziehungen zu England aufgenommen, der Macht, die auf dem europäischen Kontinent am weitesten entfernt lag. England war nahe daran, vom spanischen Zweig des Habsburger Hauses besetzt zu werden. Am Beispiel Frankreichs erkannten die Engländer, dass ihre einzige Chance sich gegen die Habsburger zu widersetzen, in der Hilfe des Osmanischen Reichs lag. Sie setzten sich in der Zeit Murads III. mit der Hohen Pforte in Verbindung und baten um Hilfe, um die Besetzung Englands durch die spanische Armada zu verhindern, was ihnen auch wirklich gelang. England konnte sich dank der Hilfe der türkischen Seemacht vor der Besetzung durch die Spanier retten.

The Guardian, eine der namhaftesten englischen Zeitungen, hat vor kurzem in einer Nachricht auf der ersten Seite mit der Überschrift "Wir sollten für den Sieg über die spanische Armada nicht Sir Francis Drake, sondern den Türken danken", erklärt, dass erst jetzt erkannt wurde, wie viel die Engländer durch eine Hilfestellung, die vor 416 Jahren geleistet wurde, gewonnen haben.

Der englische Staatsmann Sir Francis Walsingham verlangte in einem Schreiben vom 24. Juni 1587 an William Harborne, den englischen Botschafter in Istanbul, dieser solle alles dran setzen, um den Sultan dazu zu bewegen, gegen die Spanier vorzugehen und dem Sultan erklären solle, dass die Engländer gute Menschen seien:

"Euer Brief vom 9. März 1587 erreichte uns Ende Mai über Venedig und über andere Wege. Aus Eurem Brief konnten wir ersehen, dass die Beziehungen zum Sultan der Osmanen und seinen Räten, unseren Anweisungen entsprechend mit Sorgfalt und Scharfsinn gepflegt wurden. Als ich Eure Tätigkeiten der Königin vortrug, war sie mehr als zufrieden. Unsere Königin hat sich besonders über den Brief des Sultans gefreut, der über Hodscha Saadeddin Efendi, den Lehrer des Sultans, an sie gesandt wurde. Unsere Herrin wünscht, dass die Freundschaft mit dem Hodscha Saadeddin Efendi weiterentwickelt und fortgeführt wird, damit dieser Zustand auch weiterhin aufrechterhalten werden kann. In Hinsicht auf die Antwort auf die Angelegenheiten, die Ihr in Eurem Brief berührt hat, übermittle ich Euch hiermit die Wünsche der Königin.

Tragt dem Sultan bitte vor, dass die Königin besonders dankbar dafür ist, dass der Sultan der Osmanen, Murad III., sich auf keine Vereinbarung mit dem König von Spanien eingelassen hat, wie Ihr in Eurem Brief bemerkt. Außerdem solltet Ihr Euch nicht damit zufrieden geben, den Sultan zu überzeugen auf diesem Weg weiterzumachen, sondern alles daran setzen, den Sultan davon zu überzeugen, dass es dringend notwendig sei, seine ganzen Kräfte, die er im Iran eingesetzt hat, zur Erschütterung der spanischen Macht in Bewegung zu setzen, die viel besorgniserregender ist.

Die Bedrohung, die von der spanischen Macht ausgeht, kann durch Galeeren verhindert werden, die die Statthalter in Nordafrika stellen können. Ein mit sehr wenig Aufwand durchzuführender Angriff wird den König von Spanien insoweit stören, dass nicht einmal mehr ein Eingriff Englands nötig sein wird. Ihr könnt dem Sultan außerdem mitteilen, dass, falls Ihre Majestät, die Königin, sowohl mit den Truppen, die unter dem Befehl des Herzogs von Leicester nach Flandern gegen den König von Spanien gesandt wurden, als auch mit den ihren anderen Truppen die Habsburger nicht aufgehalten hätte, die Spanier in Afrika Plätze besetzt hätten, die dem Sultan hätten großen Schaden bringen können.

Vergesst außerdem nicht, zu erwähnen, dass die Spanier halten einen großen Teil Europas in ihren Händen. Sobald der Krieg mit England ein Ende nimmt, werden die Christen in Europa sich gegen den Sultan verbünden. Der spanische König bot der Königin auf verschiedenen Wegen Frieden, aber bis heute hat sie diese Friedensanträge nicht angenommen. Sofern sich auch die anderen europäischen Mächte mit der Königin im Bund gegen die Vergrößerung Spaniens widersetzen, wird mit den Spaniern kein Frieden geschlossen.

Die Königin sandte unter der Leitung von Sir Francis Drake an die spanische Küste eine gut ausgerüstete starke Flotte gesandt, die letztes Jahr in Südamerika Cartegana und andere Orte zerstört und in Brand gesteckt hat. Unsere Armada drang in Spanien und Portugal in verschiedene Häfen ein und vernichtete einen Teil der Schiffe und Kriegsutensilien, die der König nach England bestimmt hatte. Dadurch kam die Übermacht der Spanier auf den Meeren in Schwierigkeiten. Teilt dies dem Sultan mit.

Obwohl England nicht unbedingt auf die Hilfe anderer Mächte angewiesen ist, haben die Fürsten Europas gleiche Interessen und sind sich bewusst, dass sie gemeinsam vorgehen müssen, um die Macht der Habsburger zu brechen, so dass ihre Unterstützung die Königin ermutigen und den König von Spanien in Furcht versetzen wird.

Wie Ihr den Sultan zufrieden stellt und in Bewegung setzt sowie die Bemühungen, die erforderlich sind, um Eure Opponenten in türkischen Kreisen in Verruf zu bringen und die Erklärung, Verfolgung und Erweiterung alles dessen, was dazu erforderlich ist, überlasse ich Euch.

Es ist leicht zu ersehen, dass die Spanier und Venezianer vorhaben, unsere Handelstätigkeiten im Osmanischen Reich zu stören. Vergesst nicht, dass die Fortführung des Handels sowohl in Hinsicht auf die Dienste, die Ihr Eurer Majestät, der Königin erbrachtet, als auch auf die Interessen Englands im Osmanischen Reich dringend notwendig ist, um den Handel weiterzuentwickeln und bessere Beziehungen zum Hof zu knüpfen; zudem habt Ihr in der Person des Hoca Saadeddin Efendi ein sehr starkes und wirkungsvolles Mittel gefunden.

Ich denke, Ihr habt Eure Ansichten geändert und gerne würde ich Eure Gedanken erfahren. Ich bin der Meinung, dass es falsch wäre, Eure Ansichten über die Einstellung des Handels der Königin vorzutragen. Wir hoffen, dass Seine Majestät, der Sultan, die großen Dienste, die unsere Untertanen ihm in früheren Zeiten geleistet haben, gebührend würdigen wird. Letztes Jahr hat Sir Francis Drake, als er die spanischen Gallonen genommen hat, alle muslimischen Gefangenen befreit und sie nach Algier gesandt. Ich bin überzeugt, dass diese Geste dazu führen wird, dass sowohl der Sultan, als auch der Pascha der Meere [Oberbefehlshaber der osmanischen Flotte] sowie die Missgünstigen am türkischen Hof sich auf die Seite der Engländer stellen und keinen unserer Untertanen mehr so hart behandeln werden wie früher.

Ihr müsst mit Eurem Scharfsinn Ausflüchte finden, dass Ihre Majestät, die Königin infolge ihres Geschlecht und den Traditionen in unserem Land sowie weiteren Gründen dem Sultan nicht häufig schreibt. Stellt dem Sultan die Bemühungen der Königin dar, um sowohl den freien Handel mit den Untertanen des Sultans zu pflegen, als auch geeignete

Maßnahmen gegen den Wachstum der Macht des Königs von Spanien, des größten und furchtbarsten Feindes des Sultans, zu treffen.

Damit unsere Untertanen in der Gunst der Türken steigen, könnt Ihr dem Sultan außerdem mitteilen, dass Sir Francis Drake auf Befehl der Königin die Portugiesen, deren er sich während seines Streifzugs auf den Meeren bemächtigt, freilässt, indem er ihnen sogar Geld gibt, die Spanier hingegen den Berbern als Sklaven verkauft.

Gott sei mit Euch.

Sir Francis Walsingham aus dem Hofe in Greenwich".

Die Botschafter, die England in das Osmanische Reich sandte, versuchten alles Mögliche, um Hilfe gegen die Spanier zu erlangen. So schrieb z.B. der englische Resident Harborne in einem an Sultan Murad III. gerichteten Schreiben, fern von jeglicher diplomatischen Sprache geradezu in einem bittenden Ton, folgende Zeilen:

"An das Hohe Amt des Sultans

Dank dem glückseligen Sultan.

Euer Diener nimmt sich aus, Eurer Majestät vortragen zu dürfen, dass der große Gott mich auserwählt hat, einen heiligen Frieden zwischen der Königin von England und Eurer Majestät zu vermitteln. Ich habe vor neun Jahren diese Aufgabe treu angenommen und erkläre hiermit freiwillig, dass ich hoffe, Eure Majestät werde mit seiner Kraft und Macht alle Heiden, unsere gemeinsamen Feinde, vernichten. Als meine Herrin noch in Frieden mit dem König von Spanien, dem Kopf aller Heiden, lebte, versprachen die Räte Eurer Majestät hoch und heilig, dass, sobald die Königin von jener Seite einen Krieg gegen den König von Spanien aufnehmen sollte, der Sultan sich von dieser Seite in Bewegung setzen werde, so dass die Königin auf mein Betreiben den fortwährenden Frieden mit Spanien zu Ende gebracht und einen Krieg gegen diese sowohl auf dem Meer wie auch auf dem Land begonnen hat.

Der Krieg führt seit drei Jahren erfolgreich für meine Herrin fort. Der König von Spanien bat zwar mehrere Male um Frieden unter für ihn ungünstige Bedingungen, unsere Königin hat jedoch diese Anträge jedes Mal zurückgewiesen. Denn ich habe ihr in meinen Briefen erklärt, dass Eure Majestät, gemäß den früheren Versprechungen, ohne Zeit zu versäumen seine ganzen Kräfte gegen die Spanier rüstet und habe versucht, sie von einem Frieden abzubringen. Doch hat meine Herrin nunmehr ihr Vertrauen in mich verloren, nachdem sie lange Zeit darauf gewartet hat, dass Ihr handelt. Denn ich habe sehr viele Feinde, die gegen meine Person der Königin einzureden versuchen, dass Eure Majestät nicht die Absicht trägt, sein Versprechen zu halten. Deshalb erwarte ich jeden Augenblick ein Schreiben, das mich von hier zurückbeordert. Ich schätze, nach meiner Rückkehr wird mir der Kopf abgeschlagen. Im Gegenzug zu den großen Dienstleistungen und Aufopferungen, die ich für Eure Majestät geleistete habe, werde ich nun meinen Kopf verlieren.

Im Namen des Allmächtigen beschwöre ich Euch hiermit, Mitleid mit diesem Eurem Diener zu haben. Solltet Ihr nicht die Absicht haben, Eure ganzen Kräfte gegen diesen Heiden aufzustellen, so sendet wenigstens 60-80 Galeeren, um ihm zu schaden. Sendet diese Schiffe an Plätze, die der König von Spanien leeren wird, um mit allen seinen Kräften gegen meine Königin zu kämpfen. Da hier keine Soldaten anwesend sein werden, wird es Euch ein Leichtes sein, diese Gebiete zu zerstören und Eurem Reiche einzuverleiben. Ich bitte Eure Majestät, zum Ruhm und zur Ehre sowie zur Vergrößerung Eueres Landes, dies vor Augen zu halten.

Denn meine Herrin, die Königin, hat dem Spanier seinen letzten Atem genommen. Wenn diese Gelegenheit verpasst wird, hoffe ich, dass Eure Majestät sich nicht den Zorn des allmächtigen Gottes, des größten Herrschers der Welt, zuzieht, weil die Heiden nicht vernichtet wurden. Obwohl meine Herrin, die Königin, eine Frau ist und ihrer Natur gemäß dem Krieg nicht geneigt sein sollte, erfüllt sie den Befehl Gottes mit ganzer Kraft. Wenn Ihr eine treue Freundin in einer derart kritischen Zeit verlässt, wird Eure Handlung die ganze Welt verwundern. Denn meine Herrin riskiert Leben und Staat, indem sie auf Euer Versprechen und Eure Freundschaft vertraut.

Meine Herrin, die Königin, ist der Überzeugung, dass der Spanier infolge der Zurückweisung des Friedensangebots Unterstützung vom Papst und allen anderen Heiden erhalten wird. Es ist außerdem weithin bekannt, dass der Spanier meine Herrin vollends vernichten möchte. Wenn ihm in den christlichen Staaten keine Hindernisse mehr im Weg liegen, wird der spanische König rüsten und Eure Majestät angreifen, um alleiniger Weltherrscher zu werden. Der Papst schreckt nicht davor zurück, den König mit seinen falschen Vorstellungen zu überzeugen, dass er dazu fähig ist.

Wenn jedoch Eure Majestät zusammen mit meiner Herrin auf eine beherrschende Art und Weise ohne Versäumnis eine Flotte aufstellt, werdet Ihr im Sinne des Wortes des allmächtigen Gottes, den Befehlen des Islams und im Sinne der sich bietenden Gelegenheit, auf dem Weg des Ruhmes und der Ehre des ehrvollen osmanischen Geschlechts und der Aufrechterhaltung des Osmanischen Reichs wandeln. In diesem Fall werden die stolzen Spanier und der falsche Papst sowie alle ihre Anhänger nicht nur ihrer Siegeshoffnungen beraubt, sondern vielleicht auch für ihren Hochmut bestraft werden. Gott schützt nur die, die ihm nah sind. Durch Euch wird Gott die Heiden bestrafen, so dass die Verbleibenden echte Rechtsgläubige sein werden wie wir. Gott wird uns, die wir auf dem rechten Weg kämpfen, zum Sieg erheben und uns belohnen.

Der englische Botschafter".

Die Tätigkeiten des englischen Botschafters Harborne und die Manöver der im Mittelmeer auf Grund der osmanischen Politik operierenden türkischen Seemacht teilten die spanische Armada. In der Seeschlacht bei Gravelines auf den Höhen von Calais im Norden Frankreichs am 30. Juli 1588 konnte nur ein Teil der spanischen Armada der englischen entgegentreten. Sir Francis Drake, dem Kapitän der englischen Flotte wurde es ein Leichtes, die Spanier zu besiegen. Der englische Geschichtsforscher Jerry Brotton bewertet diesen Zustand folgendermaßen: "Die Manöver der Osmanen haben die Flotte des spanischen Königs Phillip II. geteilt. In den Schulen müssen von nun an als die Gründe, warum Spanien England nicht besetzen und den Protestantismus nicht vernichten konnte, einen weiteren Grund aufzählen. Es ist das anglo-osmanische Bündnis, das Königin Elisabeth geschlossen hatte".

Der Protestantismus überlebte dank der Osmanen

Dass die Reformbewegung im 16. Jahrhundert trotz des streng katholischen Staates der Habsburger sich entwickeln konnte, verdankte sie dem militärischen Druck, den die Osmanen auf Kaiser Karl V. ausübten: Indem die Osmanen den deutschen Flügel des Hauses Habsburg unter Druck setzten, konnte sich der Protestantismus in Deutschland ausbreiten.

Die Osmanen unterstützten die Protestanten und Calvinisten bei jeder Gelegenheit. Im Jahre 1552 erklärte Süleyman, der Prächtige, in einem Brief an die protestantischen deutschen Fürsten, er werde zwar einen Feldzug in dieser Richtung veranstalten, die Fürsten jedoch durch die militärischen Operationen der Osmanen keinen Schaden erleiden. Dadurch wiegelte er außerdem die protestantischen Fürsten gegen den Papst und Karl V. auf. Die Osmanen beobachteten ebenso die Bewegungen der Calvinisten, wenn auch nicht im gleichen Maße wie Luthers und seiner Anhänger. In einem Brief aus der Türkei, drei Jahre nach dem Tod von Calvin wurde die Tapferkeit der Calvinisten gepriesen, die sich mit ihren weißen Umhängen und Pullovern unter Prens Condé in Saint-Denis geschlagen hatten. In diesem Brief bemerkte der Sultan: "Würden diese Weißgekleideten unter meiner Führung stehen, ich würde die Welt erobern und niemand könnte mich aufhalten".

Die in Europa schwer verfolgten Protestanten fanden eine Zuflucht im Osmanischen Reich. Das unter osmanischer Herrschaft stehende Siebenbürgen war die wichtigste Zufluchtsstätte der Calvinisten und Unitarier. Viele Protestanten flüchteten nach Ofen (Buda) und konnten hier in Ruhe ihres Glaubens leben. Siegmund Torda, ein Protestant ungarischer Abstammung, erklärte in seinem Schreiben vom Dezember 1545 an Philipp Melanchton, einem der führenden Protestanten in Deutschland, dass der Protestantismus in seinem Land sich sehr schnell verbreite und sie deswegen die Eroberung Ungarns durch die Osmanen als einen Segen Gottes erkennen müssten. Viele Protestanten in deutschen Fürstentümern erhielten eine Menge von Briefen aus den ungarischen Gebieten unter osmanischer Herrschaft, dass sie hier ihre Religion in Ruhe ausüben könnten. Das Schreiben des in Ungarn lebenden Emerius Zigerius an Matthias Flacius lllyricus, einem der führenden Protestanten in Deutschland, ist sicherlich eins der interessantesten Schreiben in diesem Zusammenhang. Das Schreiben Zigerius, indem er erklärte, dass "die Protestanten im Osmanischen Reich ihren Glauben ungestört leben können wie nirgendwo anders im christlichen Europa" erreichte Flacius im Juni 1550, der daraufhin diesen in Versform verfassten Brief mit einem Vorwort veröffentlichte. Flacius schrieb in diesem Vorwort folgendes: "Ich wollte, dass unsere angeblichen christlichen Fürsten rot vor Scham anlaufen, wenn sie erfahren, dass die Türken die Christen, die treuen Diener Gottes verteidigen, beschützen und ihnen sogar gestatten, ihre christliche Lehre zu verbreiten und auszuüben. Ich meine damit nicht den Papst oder die Spanier. Es sind die, die erst vor kurzer Zeit aus Furcht vor der rohen Gewalt der Katholiken oder in der Hoffnung auf einen Gewinn, das wahre Christentum verleugneten. Sie möchten Christus ganz aus Deutschland verdammen, indem sie ihn verraten. Sie sollten sich ein Beispiel an den Türken nehmen. Diese angeblichen Christen behandeln die wahren Christen schlechter als die grausamsten Türken. Die Türken erlauben nicht nur die christliche Lehre, sondern verteidigen das Christentum auch gegen die nichtchristlichen Katholiken... Ich möchte mit diesem Brief keine Unruhe stiften. Meine Absicht ist, den Gläubigen der wahren protestantischen Lehre ein Beispiel an den christlichen Kirchen in der Türkei zu setzen und ihnen Mut und Hoffnung zu bringen. Außerdem möchte ich den Herren, die sich als Christen bezeichnen, den guten Willen und die Milde der Türken vorführen, damit sie vielleicht von ihren Angriffen und ihrem Zorn absehen."

Dieses Schreiben und eine Vielzahl ähnlicher Schreiben, in denen erklärt wird, dass den Protestanten von den Türken eine bessere Behandlung zuteil wird als von den Katholiken, wurden als wichtiges Propagandamaterial verwendet.

Luther übertrieb in seinen Schriften und Predigten die Türkengefahr, um die Blicke auf die Osmanen zu ziehen und damit dem Druck der Katholiken zu entgehen. Als Karl V. und Ferdinand um Jahre 1545 mit den Türken Frieden schließen wollten, stellte sich Luther dem in großem Maße entgegen. Die Habsburger, die mit den Osmanen einen einjährigen Waffenstillstand schlossen, verfolgten dann als erstes auch wirklich die Protestanten.

Auf Grund der Angriffe der Türken war Karl V. nicht imstande die Verbreitung des Protestantismus in den deutschen Fürstentümern zu verhindern. Zudem brauchten die Habsburger ja für ihren Kampf gegen die Osmanen auch die protestantischen Soldaten. Diese wiederum verlangten als Bedingung für ihren Einsatz im Feld, dass ihre religiösen

Ansichten anerkannt wurden. Jeder Angriff der Osmanen auf das Heilige Römisch-Deutsche Reich stärkte den Protestantismus, der infolgedessen im August 1555 in Augsburg vollständig anerkannt wurde.

Existenzkampf der Heiligen Stätten des Islam

Nach der Entdeckung des Kap der Guten Hoffnung im 15. Jahrhundert gründeten die Portugiesen ihre Herrschaft im Indischen Ozean. Die Memluken in Ägypten konnten den Fortschritt der Portugiesen, die in Cidde gelandet waren und nun die heiligen Pilgerstätten Mekka und Medina bedrohten, nicht aufhalten. Der Handel aus Indien wurde durch die Portugiesen eingeschränkt, was das Ende des Reichtums Ägyptens bedeuten würde. Da die Ägypter nur über eine schwache Seemacht verfügten, wandten sie sich um Hilfe an die Osmanen. In den letzten Regierungsjahren Sultan Bayezids II. wurde auf ihren Hilferuf eine Flotte nach Ägypten gesandt. Die steigende Portugiesengefahr in den nächsten Jahren bedrohte nun Mekka und Medina, die zwei heiligen Stätten des Islam. Ein Versuch der Sharifs (Nachkommen des Propheten und Verwalter der Heiligen Stätten) von Mekka sich um Hilfe an die Osmanen zu wenden, wurde von der ägyptischen Regierung abgewendet.

Die Osmanen, die unter der Führung Sultan Selim I. Syrien und Ägypten eroberten, beherrschten somit einen wichtigen Teil der Handelswege nach Indien. Dass die Herrschaft der Portugiesen im Rotem Meer durch die Osmanen beendet wurde, wie auch der Kampf der Osmanen um den Indischen Ozean hatte zur Folge, dass der indische Handel bis zu den Tätigkeiten Englands und Hollands in den indischen Gewässern im 17. Jahrhundert über das Mittelmeer geführt wurde. So konnten die wichtigen Hafenstädte im Mittelmeer ihren Reichtum noch auf lange Zeit weiterführen.

Nordafrika wurde vor der Kolonisation und Christianisierung gerettet

Die Stellung des Osmanischen Reichs im 16. Jahrhundert mit ihrem Einfluss auf die Weltpolitik machte sich ebenso in der geschichtlichen Entwicklung Nordafrikas bemerkbar. Nachdem im Jahre 1492 auch Granada, die letzte Festung der andalusischen Herrschaft gefallen war, setzten sich die Spanier und Portugiesen in Nordafrika fest. Als das Osmanische Reich durch Barbaros Hayreddin Pascha, dem Kapitän der Meere, genannt „Barbarossa", einen bedeutenden Einfluss auf den Meeren errang, begann auch der Kampf mit den Europäern um die Herrschaft in Nordafrika. Die Besetzung Nordafrikas durch die Habsburger konnte nur dank der Zusammenarbeit der türkischen Korsaren in diesen Gewässern mit den Osmanen verhindert werden.

Die Brüder Barbarossa, die im Jahre 1516 Algier eroberten, waren nicht imstande alleine gegen die Spanier vorzugehen. Deshalb begaben sie sich unter die Oberherrschaft des Osmanischen Reichs, um ihre Stellung in Algier behaupten zu können. Dadurch konnten sie den Spaniern im Jahre 1541, als diese Algier besetzen wollten, eine empfindliche Niederlage beibringen.

Turgut Reis stellte im Jahr 1551 Trablus bzw. Libyen unter die Oberherrschaft des Osmanischen Reichs. Tunesien wurde im Jahre 1533 vom Pascha von Algier, Hayreddin Barbarossa erobert, aber kurze Zeit später wieder verloren. Im Jahre 1574 wurde es zur Zeit Selim II. vom Großwesir Koca Sinan zum zweiten Mal erobert. Infolge des Streits um die Thronfolge in Marokko zur selben Zeit standen sich die Osmanen und Portugiesen noch einmal gegenüber. Bei der Schlacht bei Alkasar am 4. August 1578 starb der König von Portugal und die Zeit der osmanischen Schutzherrschaft in Marokko begann.

Die Herrschaft der Osmanen in Nordafrika rettete muslimische Länder wie die Sultanate Bornu, Songai und

Timbuktu, deren Herrschaft sich auf das heutige Gebiet von Nigeria, Niger, Tschad und Mali erstreckte, die zwar im Inneren des Landes liegen, sich aber durch ihre Beziehungen zu den Küsten unter die Herrschaft von Spanien und Portugal begeben haben, vor der Bedrohung durch diese zwei Mächte. Diese Sultanate erkannten den osmanischen Sultan als Kalif an und begaben sich unter seine Oberherrschaft.

Die Herrschaft der Osmanen in Nordafrika nach der Vertreibung des spanischen Zweigs des Hauses Habsburg verhinderte die Christianisierung und Kolonisierung dieser Gebiete. Hätten die Osmanen nicht in diese Verhältnisse eingegriffen und somit die spanische und portugiesische Herrschaft fortgeführt, würden die Verhältnisse in diesen Gebieten heute ganz anders aussehen. Das Haus Habsburg, das seine Herrschaft im Mittelmeer und in Nordafrika nicht wie gewünscht etablieren konnte, konzentrierte sich und seine ganzen Kräfte auf die neuen Kolonien jenseits des Atlantiks, was wiederum die Kolonisation des amerikanischen Kontinents beschleunigte.

Portugal, das ab Ende des 15. Jahrhunderts auf den Meeren eine große Übermacht behauptete, griff die muslimischen Sultanate an den Ost- und Westküsten Afrikas an, verheerte weit und breit das ganze Land und stellte einen Teil davon unter seine Herrschaft. Das Osmanische Reich hingegen rettete das ganze Gebiet bis nach Mosambik im Osten Afrikas vor der Besetzung durch die Portugiesen, indem es seine Herrschaft auf dem Roten Meer begründete. Der Einfluss der Osmanen, die außerdem Äthiopien beherrschten, erstreckte sich bis Mombasa in Kenia. Infolgedessen wurde die Besetzung dieser Gebiete durch die Europäer auf lange Zeit verhindert.

Durch seine Politiken leistete das Osmanische Reich seinen Beitrag zur Entwicklung der heutigen modernen Welt, wie oben beschrieben. Ebenso formten sich die meisten der Charakteristiken der Länder, die Jahrhunderte lang unter osmanischer Führung standen, zu dieser Zeit. Die geistlichen und ethnischen Gruppen, die sich über ein Gebiet von Budapest bis Basra erstreckten, bildeten sich während der Oberherrschaft der Osmanen. Die osmanische Architektur und das Städtebewusstsein spielten eine wichtige Rolle bei der Bildung von Städten in vielen Gebieten unter der Oberherrschaft des Osmanischen Reichs.

Folglich findet man heute, vor allem seit den letzten 15 Jahren, unter jedem Stein auf dem Balkan, in Kaukasien und Nahost die Spuren dieses Imperiums. David Fromkin deutet in seinem Artikel in der New York Times vom 9. März 2003 auf diese Tatsache hin: "Ein Geist hält die USA gefangen. Es ist der Geist des Osmanischen Reichs. Im Irak, in Serbien, Bosnien, im Kosovo, im Golfkrieg, bei den Angriffen am 11. September, überall ist dieser Geist mit uns. Die Geister der Osmanen haben sich nie entfernt".

DAS OSMANISCHE REICH UND DER IMPERIALISMUS

Die Osmanen, die in einer problemreichsten Geographie ein Reich gründeten, das sechs Jahrhunderte lang in diesen Gegenden herrschen sollte, betrachteten jedes Stück Land, das erobert wurde, als ein Stück Heimat. Deshalb verließ das Osmanische Reich kein Stück Land ohne es vorher mit dem Blut von Tausenden von Märtyrern getränkt zu haben. In Jemen, Trablus, Serbien wurde bis zur letzten Kugel gekämpft, obwohl der Verlust dieser Länder bereits endgültig entschieden war, denn alle diese Landschaften waren ein Stück Heimat. Eigentlich war diese Einstellung im Sinne einer reellen Politik falsch. Denn abgesehen vom Verlust dieser Gebiete, wurden die vorhandenen Kräfte, die zur Verteidigung der verbleibenden Länder hätten eingesetzt werden können, auf diese Weise verbraucht. Da z.B. England die von ihr besetzten Plätze nicht als Heimatland betrachtete, verließ sie ihre Kolonien, sobald die Auslagen das Einkommen überschritten. Lenin verzichtete im Jahre 1917 während der Revolution auf einen Teil des Landes des zaristischen Russlands. Sein Motto hieß: "Wir verkaufen Land, um Zeit zu gewinnen".

Nach erfolgreichem Abschluss der Revolution, besetzte er die Länder wieder, die vorübergehend ihre Unabhängigkeit erhalten hatten. Als die Einkommen aus den Ländern, die man über einen langen Zeitraum ausgebeutet hatte, abfielen, die Auslagen jedoch immer weiter anstiegen, ließ die Sowjetunion die unter ihrer Herrschaft stehenden Länder wieder frei. Weder England, noch die Sowjetunion zögerten, die von ihnen ausgebeuteten Länder wieder loszulassen, sobald dort nichts mehr einzubringen war. Die Osmanen hingegen hatten nie so gehandelt. Denn jedes Stück Land, das verloren wurde, war für das Osmanische Reich ein Stück Heimatland.

Die Eroberung der Osmanen ging nicht nur mit dem Schwert vonstatten. Sie sagten der nichtmoslemischen Bevölkerung Sicherheit des Lebens und der Güter sowie Freiheit in der Ausübung ihrer Religion zu und befreiten sie von ihren früheren feudalen Abhängigkeiten.

Die Türken hatten die von ihnen eroberten Plätze nie als Kolonien angesehen. Die in diesem Zusammenhang durchgeführten Forschungen zeigen dies deutlich. Der amerikanische Geschichtsforscher Bruce W. McGowan legt in seinen Untersuchungen über Serbien unter der Herrschaft der Osmanen offen dar, dass in Serbien die landwirtschaftlichen Erzeugnisse pro Kopf höher waren als die Erzeugnisse der Kolonien europäischer Mächte. Die Tatsache, dass die Balkanländer unter der Oberherrschaft eines einzigen Staates eine lange Periode des Friedens und der Ruhe genossen, belebte ihren Handel und führte zur Weiterentwicklung der Städte. Die Forschungen Michael Palariets im 19. Jahrhundert über die wirtschaftliche Lage der Balkanländer zeigen klar und deutlich, dass Serbien im Zeitraum vor der Erklärung ihrer Unabhängigkeit eine viel höhere Wachstums- und Entwicklungsrate aufzeigt als nach ihrer Unabhängigkeit.

Der ungarische Geschichtsforscher Kaldy Nagy, der Ungarn unter der Oberherrschaft der Osmanen in den Jahren 1558 bis 1560 untersuchte, stieß bei seiner Untersuchung der Budgets des genannten Zeitraums auf interessante Ergebnisse. Das Osmanische Reich, das zwischen den Jahren 1558 bis 1560 von Ungarn 6 Millionen Piaster an Steuern einnahm, gab im gleichen Zeitraum 23 Millionen Piaster für dieses Land aus. Wenn die Osmanen sich hier nur festgesetzt hätten, um Ungarn auszubeuten, hätten sie wahrscheinlich keinen Mehraufwand von 17 Millionen Piaster für dieses Land aufgewendet.

In den Werken bulgarischer Geschichtsforscher über die Herrschaft der Osmanen in Bulgarien, die in der marxistischen Zeit veröffentlicht wurden, findet man häufig den Ausdruck: „Die Osmanen haben Bulgarien ausgebeutet". Dabei widersprechen sich die bulgarischen Geschichtsforscher in diesem Zusammenhang selbst. Wenn es um die Geschichte der bulgarischen Städte geht, geben sie zu, wie weit die bulgarischen Städte sich in der osmanischen Zeit entwickeln haben, ohne diese Entwicklung zu verherrlichen. Das Leben in der Stadt, der Handel und der Produktionssektor in diesem Land, von dem behauptet wird, es wäre ausgebeutet worden, hatten sich in großem Maße weiterentwickelt. Dies sind nur einige Beispiele dafür, dass das Osmanische Reich jedes Stück Land, das es eroberte, als ein Stück Heimat betrachtete und niemals vorhatte, diese Länder auszubeuten. Zudem ist der Bestand an unzähligen Moscheen, Karawanserais, Hamams (türkische Bäder), religiösen Einrichtungen und Schulen, auf die man in historischen Eintragungen zu Städten wie Rustschuk, Thessaloniki, Belgrad im Balkan und ebenso in Mitteleuropa stößt, ein klarer Beweis dafür, dass diese Länder als Heimat betrachtet wurden, auch wenn diese Bauten heute hier nicht mehr zu sehen sind.

In sämtlichen Gebieten, die von den Osmanen erobert wurden, achtete man vor allem darauf, dass sie ihre religiösen und nationalen Identitäten schützten. Sowohl im Balkan, als auch in Nahost wurde kein großer Wandel in den Sprachen bzw. religiösen Ansichten der Bevölkerung bemerkbar. Eine Vielzahl von Ländern entwickelten sich unter osmanischer Herrschaft weiter als vorher. So konnte sich z.B. in Serbien, das vor der Eroberung durch die Osmanen kurz davor war katholisch zu werden, die orthodoxe Kirche weiterhin erhalten. Zudem wurde in Serbien eine nationale Kirche errichtet. Die Serben, die dadurch ihre Unabhängigkeit vom griechisch-orthodoxen Patriziat erhielten, konnten sich ihre nationale Identität erhalten, indem sie sich gleichzeitig auch vom Einfluss der hellenistischen Kultur befreiten. Die Engländer und Franzosen hingegen, die in den Ländern, in denen das Osmanische Reich Jahrhunderte lang geherrscht hatte, nur 50-100 Jahre blieben, führten mit ihren eigenen Sprachen auch ihre eigenen Religionen zwangsweise ein. In den meisten Kolonien dieser beiden Mächte gilt als offizielle Sprache noch immer Englisch bzw. Französisch. Dabei liegen die fortwährenden Verwirrungen in diesen Ländern nach dem Rückzug der Osmanen ebenso klar auf der Hand.

INDUSTRIESPIONAGE IM OSMANISCHEN REICH

Von Venedig bis Indien, von Russland bis Österreich trieben eine hohe Anzahl an Händlern türkischer Abstammung einen großangelegten Handel. Die meisten dieser türkischen Händler, die „Hodscha" genannt wurden, besaßen mehrere Schiffe und trieben Handel mit einer Vielzahl von Ländern.

Die Zahl der osmanischen Händler in Venedig stieg sogar so hoch an, dass hier ein türkisches Handelszentrum angelegt wurde. Das Türkische Handelszentrum (Fondaco dei Turchi) am Canale Grande wurde mit Senatsbeschluss vom 11. März 1621 den türkischen Händlern zugewiesen. Die venezianischen Stadtverwalter wollten die große Anzahl an Türken in der Stadt an einer Stelle sammeln, damit sie mit den Stadtbewohnern nicht in zu engen Kontakt kamen. Dieses Handelszentrum, das 120 Personen beherbergte, wurde den osmanisch-muslimischen Händlern, die zwecks Handels nach Venedig kamen, als Residenz angewiesen.

Seit frühen Zeiten schon kamen türkische Händler nach Venedig, um hier dem Handel nachzugehen. Aus den bis heute übertragenen Dokumenten ist zu erkennen, dass im 16. Jahrhundert eine Vielzahl türkischer Händler in Venedig residierte. Die Tätigkeiten türkischer Händler führten auch in späteren Zeiten fort. Selbst im 18. Jahrhundert waren sie in Venedig in großem Maße tätig. Osmanische Händler waren nicht nur in Venedig, sondern auch an anderen Plätzen in Europa zu finden. Die Waren, die osmanische Händler im Jahre 1718 nach dem Vertrag zu Passarowitz in Anlehnung an die handelsrechtlichen Bestimmungen dieses Vertrags an

Österreich verkauften, führten zu Schäden im Binnenhandel, so dass gegen diese Händler eine Beschwerde bei der Königin von Österreich eingereicht wurde.

Häufig wird behauptet, dass die Wirtschaft des Osmanischen Reichs sich nur auf die in den Kämpfen gemachte Beute stütze, d.h. dass es ein System der Plünderung sei. Dieser Behauptung zufolge habe das Osmanische Reich nach dem 16. Jahrhundert, als es keine militärischen Erfolge wie früher mehr erzielte, seine frühere Stärke verloren und Defizite in der Schatzkammer aufgewiesen.

Es ist geradezu unmöglich, dass ein Imperium, das sich über eine derart weite Geographie erstreckt, ohne über Einkommen und Auslagen informiert zu sein, Jahrhunderte lang bestehen könnte. Ab dem 15. Jahrhundert wurden unzählige Budgets des Osmanischen Reichs in unsere Zeit übertragen. Eine Untersuchung dieser Budgets ergibt, dass die Beute innerhalb des Budgets nur einen unwichtigen Platz einnahm, wogegen die Steuern auf landwirtschaftliche Erzeugnisse sowie Zoll- und Mineneinnahmen, etc. das eigentliche Einkommen bestritten.

Das Osmanische Reich war damals nicht nur auf militärischem Feld, sondern auch im Produktionssektor seiner Zeit eine führende Macht. Weberei, Lederverarbeitung und die mit diesen in Zusammenhang stehende Kunst des Färbens waren in der osmanischen Zeit hochentwickelt. Von China bis Indien, vom Iran bis nach Schweden erfreuten sich die in Bursa gewobenen Stoffe überall großer Beliebtheit. Harborne, der Ende des 16. Jahrhunderts als Botschafter an die Hohe Pforte gesandt wurde, hatte nebenbei die Aufgabe eines Industriespions und erhielt folgende Anweisungen:

1- Die Keimlinge bzw. Setzlinge der Indigopflanze, die zur Blaufärbung der Stoffe verwendet wird, sollen nach England gebracht werden.

2- Es soll in Erfahrung gebracht werden, wie die Türken die Farben für die Stoffe herstellen.

3- Die Kräuter, die in der Färbung verwendet werden, sollen bestimmt und nach England gebracht werden.

4- Die Erdarten, die in der Färberei verwendet werden und deren Orte sollen untersucht werden.

5- Die Kunst des Färbens soll erlernt werden.

Auch Franzosen zeigten Interesse an den Stofffarben der Osmanen und gründeten sogar Mitte des 18. Jahrhunderts in ihrem Land eine Fabrik mit Arbeitern, die sie aus dem Osmanischen Reich hierher brachten. Als sie jedoch in ihrer Fabrik den gewünschten Erfolg nicht erzielten konnten, fragten sie offiziell und über die Regierung persönlich um Informationen über den Grundstoff an, der in der osmanischen Kunst des Färbens verwendet wurde. Ein weiteres Produktionsfeld, an dem die Franzosen Mitte des 18. Jahrhunderts Interesse zeigten, waren osmanische Stoffe. In einem Bericht an die französische Regierung wurden detaillierte Informationen über die osmanischen Stoffe und ihre Produktionsstätten gegeben und erklärt, wie die gold- und silbergewirkten Stoffe gewoben und die Fäden gezogen wurden.

Man sollte bei der Bewertung des Osmanischen Reichs nicht vergessen, dass es nicht nur ein einfacher Staat, sondern ein Weltreich war. Manche Autoren missachten diesen Punkt und begehen infolgedessen große Fehler. Schon wenn wir uns nur vor eine Landkarte stellen und uns das Gebiet der Osmanen anschauen, können wir die Majestät und Größe dieses Weltreichs erkennen.

Dank ihrer starken Organisationsstruktur war das Osmanische Reich imstande, Länder mit voneinander vollständig unterschiedlichen Eigenschaften über Jahrhunderte zu beherrschen. Besonders an den Grenzen wurde ein sehr guter Nachrichtendienst aufgestellt. So antwortete z.B. Hamsa Pascha, der Statthalter von Stuhlweissenburg, im Jahre 1561 dem österreichischen Botschafter auf die Drohung, Habsburg werde ihm eine große Armee entgegenstellen, folgendermaßen: "Nirgendwo habt ihr Soldaten. Wenn es so wäre, müsste ich das wissen, denn mein Geheimagent wohnt seit sechs Jahren in Wien und hat dort Frau und Kinder. Wenn er will, geht er in die Kirche, wenn er will, gibt er sich als Beamter, als Österreicher oder als Ungar aus; wenn er will, ist er ein perfekter Feldarbeiter oder ein Soldat; wenn er will, lahmt er oder er geht wie du auf zwei gesunden Beinen und spricht alle Sprachen."

DIE ÜBERLEGENHEIT DER OSMANEN GEGENÜBER EUROPA

Zusammen mit den römischen und englischen Imperien ist das Osmanische Reich eins der drei größten Weltreiche der Geschichte. Die Untersuchungen, wie dieses Weltreich, dessen Einfluss bis heute weiter fortführt, gegründet und weitergeführt wurde, ergaben drei Hauptgründe.

Der erste ist die Tatsache, dass das Osmanische Reich ein absoluter Staat war, in dem die Autorität des Sultans in keiner Weise durch die feudalen Herren des Landes eingeschränkt werden konnte. In Europa wurde Jahrhunderte lang gekämpft, um die Autorität der jeweiligen Regierung aufrechtzuerhalten. Die Titel der Könige und Kaiser blieben häufig nur auf dem Papier bestehen. So war z.B. der König von Frankreich eigentlich Graf von Paris. Mitte des 17. Jahrhunderts schaffte es Ludwig XIV., der sogenannte „Sonnenkönig“ in Frankreich während seiner langjährigen Regierung eine absolute Herrschaft über den Staat einzuführen. König Ludwig XIV. Ausspruch: “Der Staat ist mein” legt die Autorität des Königs offen dar.

Im Osmanischen Reich war der Herrscher, nach der Eroberung von Istanbul durch Sultan Mehmed II., dem Eroberer, also schon 200 Jahre vor Europa, die einzige Autorität. Dies war einer der Hauptgründe für die Überlegenheit des Osmanischen Reichs Europa gegenüber. Die absolute Autorität der Sultane stützte sich dabei auf zwei Staatsmaxime: Die Ermordung der Brüder des Sultans und das System der „Diener der Pforte“, der sogenannten „Kapikulu“. Durch die Ermordung der Sultansbrüder blieben keine Mitbewerber mehr um den Thron. Somit wurden sowohl im Inneren, als auch von außen, sämtliche Feinde des Osmanischen Reichs der Möglichkeit beraubt, diese für ihre eigenen Zwecke auszubeuten. Die Einführung des „Kapikulu"-Systems in einer sehr frühen Zeit, schon während der Regierung Murad I. und dessen effektive Entfaltung während der Zeit Mehmed II., verschaffte den Sultanen eine absolute Herrschaft über das Land, indem der Einfluss der Feudalherren gebrochen wurde.

Dass der Thron der Herrscher nie ganz sicher war und deshalb häufig Streitereien um den Thron ausbrachen, war einer der Gründe, dass in der Geschichte der Türken mehrere türkische Reiche einstürzten. Diese zwei Staatsmaximen trennen die Osmanen von anderen türkischen Reichen.

Der zweite Grund für die Überlegenheit des Osmanischen Reichs gegenüber Europa war die Bildung einer regulären Armee in sehr frühen Zeiten. Sowohl die Armeen türkischer Reiche vor den Osmanen, als auch die Armeen moderner türkischer Reiche wie das der Safewiten und des „Weißen Hammels" (Akkoyunlular), die zu gleicher Zeit wie die Osmanen herrschten, bestanden aus den Kräften der Stämme. Auch in Europa bestanden die Armeen entweder aus Söldnern oder aus den Soldaten der Fürsten, Grafen oder Herzoge. Selbst im 17. Jahrhundert während des Dreißigjährigen Kriegs in den Jahren 1618 und 1648 bestanden die meisten europäischen Armeen aus Söldnern. Diese Söldner flohen sofort im kritischsten Augenblick einer Schlacht. Häufig, besonders wenn sie ihren Sold nicht ausbezahlt bekamen, rebellierten sie. Es war fast unmöglich, über diese Söldner eine Disziplin aufzubauen. So bewertet z.B. Machiavelli diese Söldner als Personen, die "zwischen Freunden mutig, vor dem Feind aber feige" sind. Ebenso war die aus Bauern gegründete Miliz ein großes Problem.

Die Osmanen hingegen gründeten schon bei Beginn der osmanischen Herrschaft zu Zeiten Sultan Orhans zwei reguläre Truppen, die aus türkischen Bauern bestanden: die „Yaya", das waren die „Fußgänger" und die „Müsellem", die Reiterei. Als diese Truppen nicht mehr ausreichten, den Bedarf zu decken, wurden die Kammern der „Kapukulu", der „Diener der Pforte" gegründet, von denen einige europäische Geschichtsschreiber behaupten, sie wären eine „Erfindung des Teufels". Diese Kapikulu waren sämtlich professionelle Soldaten. Zudem wurden mit dem Lehensystem die Abteilung der Lehenreiter, der sogenannten „Sipahi" gegründet, die zwar nicht ganz so professionell wie die Janitscharen waren, aber deren einziger Beruf trotzdem das Soldatentum war. So loben z.B. die europäischen Botschafter und Reisenden des 16. Jahrhunderts die Armee der Osmanen in hohem Maße und bedeuten, dass ihre eigenen Armeen es mit der osmanischen Armee auf keinen Fall aufnehmen könne. Ebenso kann man erkennen, dass sich in der militärischen Organisation in Russland unter Zar Ivan IV. die Organisationsstruktur der Osmanen bemerkbar machte. Die Europäer hingegen gründeten ihre ersten regulären Armeen erst ab der zweiten Hälfte des 17. Jahrhunderts. Ende des gleichen Jahrhunderts führten sie dann die obligatorische Militärdienstpflicht ein und verschafften sich somit eine Überlegenheit gegenüber den Osmanen.

Die erste grundlegende Kritik über den Zustand der europäischen Armeen kam von Macchiavelli. Nachdem er das römische und klassische Militärsystem untersucht hatte, kam er zu der Überzeugung, dass der idealste Weg die erneute Gründung der römischen Legion sei. Das vom Vater auf den Sohn vererbliche Offiziersystem musste aufgehoben und statt dessen ein militärisches System eingeführt werden, dass zwar wiederum aus Adligen bestehen, aber auf die Grundlage des Verdienstes gestützt werden sollte. Macchiavelli verlangte ein Militärsystem auf der Grundlage der obligatorischen Militärdienstpflicht.

Nach Macchiavelli wendete Sebastian de Vauban zur Zeit des französischen Köngis Ludwig XIV. die Ergebnisse wissenschaftlicher Forschungen auf das Militär an. Neue Waffen und neue Kriegsführungen, die sich zusammen mit diesen Waffen entwickelten, brachte eine Veränderung in der Art und Weise, wie Schlachten gefochten wurden, hervor. Vor allem während der Dreißigjährigen Kriege entwickelten sich die europäischen Armeen in hohem Maße.

Der König von Schweden, Gustav II. Adolf, schlug die Militärstrategien seiner Zeit vollständig um. Taktiken wie der direkte Einsatz von Geschützen zur Unterstützung von Infanterie und Kavallerie sowie die gleichzeitigen Operationen von Gewehrschützen und Reitern wurden erstmals von Gustav II. Adolf in den Dreißigjährigen Kriegen eingesetzt. Dieser König, ein großer Stratege, belebte auch den Angriff der Kavallerie neu. Die Kavalleristen fingen nunmehr an mit den Pistolen anzugreifen anstatt mit dem Schwert. Weitere Kunstfertigkeiten, die Gustav II. Adolf zuzuschreiben sind, war die Einführung leichterer Gewehre, um den Einsatz dieser zu erleichtern, weil diese Gewehre vormals nicht bequem gehandhabt konnten, da sie 7 Kilo wiegten; außerdem erfand er die Patronen und machte die vormals schweren Geschütze leichter und handlicher. Ab Mitte des 17. Jahrhunderts wurde dann wie in der früheren römischen Legion eine strenge Ordnung, eine Weisungslinie und ein System eingeführt, in dem die Soldaten ständig geschult wurden.

Der dritte Hauptgrund für die Überlegenheit der Osmanen gegenüber Europa war die Fähigkeit zur Organisierung und eine gute Organisation in der Eintreibung der Steuern. Im Gegensatz zur allgemeinen Überzeugung bestanden die Einnahmen des Osmanischen Reichs nicht aus der Beute aus Kriegen, sondern aus den eingetriebenen Steuern. Vor allem wurde dabei darauf geachtet, dass die Steuerregister gründlich geführt und die Steuern regelmäßig eingetrieben wurden. Denn in der Finanzierung der Kriege spielten diese Steuern eine äußerst wichtige Rolle. Die europäischen Mächte hingegen waren in der Finanzierung der Kriege durch Steuern nicht gerade erfolgreich. Erstmals in Holland wurden die Steuern zur eigentlichen Finanzierungsquelle der Kriege. Dieses System wurde dann später auch in den anderen großen Staaten Europas in Anwendung gebracht.

Infolge dieser Verschiedenheiten zwischen den Osmanen und den Europäern waren die Osmanen bis Ende des 17. Jahrhunderts den Europäern überlegen. Der unaufhaltsame Fortschritt der Türken und ihre fortlaufenden Erfolge in den Kriegen führte in Europa zu der Einstellung, dass „die Türken unbesiegbar" seien.

IMAGE DER TÜRKEN IN EUROPA

Die Eroberung Istanbuls durch die Türken und ihr Fortschritt bis in das Innere Deutschlands unter Süleyman, dem Prächtigen, führten in Europa zu einer großen Furcht und zum Image des „unbesiegbaren Türken".

Die Türken kommen!...

Nach der regelmäßigen Belagerung Istanbuls durch Sultan Bayezid I. mit dem Beinamen „der Blitz", ab dem Jahre 1391 wandten sich die Blicke der westeuropäischen Christen nach Osten auf das Osmanische Reich. So wurde z.B. erstmals im Jahre 1396 ein Kreuzzug nach Nicopolis veranstaltet, an dem sich viele Europäer beteiligten. Die Eroberung Istanbuls im Jahre 1453 hallte überall in Europa wider. Von Italien bis Serbien glaubten alle, dass nun sie an der Reihe waren und lebten in großer Furcht. Auch wenn ein erneuter Kreuzzug zur Wiedereroberung Istanbuls eingeleitet wurde, war die Innenpolitik Europas dazu nicht geeignet.

Seit der Zeit Sultan Süleymans des Prächtigen, war das Osmanische Reich eine Bedrohung für Europa. Nach der Eroberung von Rhodos im Jahre 1522 wandten sich die Blicke der west- und mitteleuropäischen Staaten wieder auf die Türken. Im Zusammenhang mit der Eroberung von Rhodos durch die Osmanen wurden in den Jahren 1522 bis 1523 im Westen 80 Bücher und Druckschriften veröffentlicht.

Nachdem das Osmanische Reich infolge des Streits zwischen François, König von Frankreich und Karl V., König von Spanien, sich vollends nach Europa wandte und nach der Schlacht auf dem Amselfeld in der Nähe von Mohacs,

Ungarn eroberte, wurden die Türken überall zum Mittelpunkt des Interesses. In diesem Zusammenhang wurden fortwährend Bücher geschrieben. Das Interesse der Europäer am Osmanischen Reich stieg mit der ersten Belagerung von Wien im Jahre 1529 durch Sultan Süleyman, den Prächtigen, immer mehr an.

Nachrichten aus Venedig

Die wichtigste Zentrale des europäischen Nachrichtendiensts im Zusammenhang mit dem Osmanischen Reich war damals Venedig. Die Venezianer, die schon in frühen Zeiten durch ihre Botschafter, die sogenannten „Bailos" in Istanbul und durch venezianische Händler im Osmanischen Reich Kontakte zu den Osmanen pflegten, besaßen in Europa das weiteste Nachrichtennetz über die Türken.

Die Bailos kehrten nach Ablauf ihrer Dienstzeit im Osmanischen Reich wieder in ihre Heimat zurück und trugen hier vor dem Rat von Venedig ihre Berichte mit ihren Betrachtungen über die Türken vor.

Eine Untersuchung der Quellen über die Türken in europäischen Zeitungen im 16. Jahrhundert verdeutlicht, dass die meisten Quellen aus Venedig stammen.

Europa schreibt über die Türken

Über die Schlacht auf dem Amselfeld bei Mohacs, die erste Belagarung von Wien in den Jahren 1526 bis 1532 sowie den Feldzug Sultan Süleymans im Jahre 1532 wurden 259 Bücher und Druckschriften veröffentlicht. Über den Feldzug Sultan Süleymans nach Ofen im Jahre 1541 berichten 134 Veröffentlichungen. Über die erfolglose Belagerung von Malta im Jahre 1565 und den letzten Feldzug Sultan Süleymans nach Sigetwar im Jahre 1566 wurden in Europa 148 Bücher und Druckschriften veröffentlicht. Der Widerhall des Sieges in der Seeschlacht von Lepanto, in der die Europäer nach der Eroberung Zyperns erstmals zusammenkamen und die osmanische Flotte vernichteten, war sehr groß. Über die Seeschlacht von Lepanto und die darauffolgenden Ereignisse wurden zwischen den Jahren 1570 bis 1572 insgesamt 360 Werke veröffentlicht.

Die Forschungen des rumänischen Geschichtsforschers Carl Göllner führten ihn zu dem Ergebnis, dass im 16. Jahrhundert in Europa über die Türken 2463 Bücher, Druckschriften und Flugblätter gedruckt wurden. Dieses Interesse war nicht nur auf einige Plätze beschränkt. Fast in jeder europäischen Stadt wurden Schriften über die Türken veröffentlicht. Von Frankfurt bis Paris, von London bis Lyon, von Rom bis Prag, von Venedig bis Wien, überall wurden dergleichen Bücher verfasst. Die meisten Schriften über die Osmanen findet man in Augsburg. In dieser Stadt wurden in 29 Druckereien insgesamt 134 Bücher und Druckschriften gedruckt.

In fast allen europäischen Sprachen, vor allem in Deutsch, Latein, Englisch, Italienisch und Spanisch findet man unzählige Werke über die Osmanen. 1000 von insgesamt 2463 Veröffentlichungen sind in der deutschen Sprache, 455 in Latein verfasst.

Die Türken auf der Bühne

Die Türken kamen in Europa in Ballettaufführungen, Theaterstücken, Opern, in der Volksmusik, in Gedichten und Geschichten vor. Einer der Gründe hierfür war, das Volk gegen die Türkengefahr wach zu halten und ein politisches Schild aufzubauen, um die Gefahr, in der das Christentum damals schwebte, abwenden zu können. Ein weiterer Grund war die Tatsache, dass das Thema Türken nie ganz von der Bildfläche verschwand und Interesse erweckte.

Zudem beabsichtigten die Autoren mit ihren Werken die Furcht vor Türken abzubauen. Macchiavelli z.B. kritisiert die Darstellung der Türken in der italienischen Komödie „Mandragola“ als Schreckgespenster und übernatürliche Kreaturen und weist darauf hin, dass das Osmanische Reich ein Feind ist, der mit realistischen und rationellen Methoden besiegt werden muss.

In den Opern- und Theaterstücken über die Türken werden drei Hauptthemen behandelt: Der Kampf Sultan Bayezids I. und Timurs; Sultan Süleyman, der Prächtige und seine Söhne sowie die Christen, die von türkischen Korsaren verschleppt und als Sklaven verkauft wurden.

Der große Türke

Die Europäer bezeichneten die Osmanen als "Türken", das Osmanische Reich als das "türkische Reich", das Land der Osmanen als "Türkei" und den osmanischen Herrscher als "Gran Turco", d.h. "Großer Türke". In der Einstellung der christlichen Europäer war Türke = Moslem = Orient dasselbe.

Die Türken wurden in Europa auch mit Bezeichnungen wie "furchterregender Türke", "grandioser Türke", "ungläubiger Türke", "heimtückischer Türke", "Alptraum Europas" charakterisiert. Der Name „Türke“ war für Europäer gleichbedeutend mit Teufel, Heide und Barbar. Diese Einstellung der Europäer spiegelte sich überall wieder, von den Büchern bis hin zu Bildern. So findet man z.B. Bilder, in denen die türkischen Soldaten als Teufel und der Großmufti beim Tätscheln eines Teufelskopfs dargestellt werden.

"Kämpfen gegen die Türken heißt Kämpfen mit Gott"

Im 16. Jahrhundert formte sich das Türkenimage insbesondere in Italien, Deutschland und Österreich durch die unermüdlichen Kriege und den Schrecken, den der unaufhaltsame Fortschritt der Osmanen verursachte. Der unaufhaltsame Fortschritt der Türken und ihre fortlaufenden Erfolge in den Kriegen führte in Europa zu der Einstellung, dass „die Türken unbesiegbar“ seien. Die Geistlichen behaupteten, die Türken seien eine von Gott gesandte Strafe für ihre Sünden, der Zorn bzw. der Fluch Gottes. Die Osmanen wären die Peitsche Gottes. So bildete sich die Meinung: „Kämpfen gegen die Türken heißt Kämpfen mit Gott“. Die Europäer gaben sich einer derartigen Depression preis, dass sie glaubten, diese Welt gehöre den Türken und der Himmel den Christen. Die Furcht vor den Türken wurde zum Alptraum und der Fortschritt der Osmanen war geradezu der Vorbote des Tags des jüngsten Gerichts.

Die europäischen Intellektuellen versuchten in ihren Werken die Furcht vor den Türken zu mindern. Erasmus schrieb in diesem Zusammenhang folgendes: "Die Größe des Osmanischen Reichs darf die Menschen nicht erschrecken. Die römischen und byzantinischen Reiche waren ebenso groß und auch von ihnen meinte man, sie seien unbesiegbar. Dabei gibt es sie heute nicht mehr. Sie brachen einfach zusammen". Ein weiteres, sehr interessantes Beispiel für die Einstellung, die Türken seien unbesiegbar, ist folgendes: Ein deutscher Reisender, der im Laufe des 17. Jahrhundert auf einem türkischen Schiff in die Türkei reiste, wunderte sich, dass die Türken, als sie auf dem Weg nach Alexandrien auf vier venezianische Galeonen stießen, darüber in Panik gerieten und schrieb: "Die mutigsten Menschen der Welt wie die Türken, fürchten sich vor vier venezianischen Schiffen. Also sind sie doch Menschen wie wir".

Neben der Furcht, die die Osmanen verbreiteten, waren sie für manche Christen geradezu „Hoffnung“. Christen, die unter der Steuerlast litten bzw. ihren Glauben nicht ungestört ausleben konnten, zogen es vor, unter der Oberherrschaft der Türken zu leben als unter der Verwaltung der christlichen Könige und Fürsten.

Europäische Intellektuelle hassen und bewundern die Osmanen gleichzeitig

Die europäischen Intellektuellen waren strenge Türkenfeinde. Viele von ihnen schufen Werke, in denen offengelegt wird, wie das Osmanische Reich vernichtet werden kann.

Der berühmte europäische Philosoph Erasmus, der mit seinem Werk "Lob der Tollheit" berühmt wurde, hat in seinem Werk "Utilissima Consultatio de Belloo Turcis Inferendo ..", erklärt, nachdem er die Türken als Barbaren mit dunklen Wurzeln bezeichnet und behauptet hatte, dass sie einen großen Teil Europas nur infolge der Differenzen zwischen den christlichen Mächten erobern konnten, seine in Gefangenschaft lebenden Glaubensbrüder müssten nun endlich befreit werden. Obwohl Erasmus Kämpfe um die Religion nicht für gerechtfertigt hält, war er der Meinung, dass die Türken vernichtet werden müssten, damit das Christentum seine Existenz fortführen könne.

Francis Bacon, ein weiterer berühmter europäischer Philosoph und Wissenschaftler behauptet in seinem Werk „An Advertisement Touching An Holly Warre" aus dem Jahre 1622, das 1629 in London veröffentlicht wurde, der Kampf gegen die Türken sei in Hinsicht auf Naturgesetze, Menschenrechte und die heiligen Gesetze richtig.

Der berühmte deutsche Philosoph Gottfried Wilhelm Leibniz erklärt in seinem Werk "Memoire de Leibnitz a Louis 14, sur la conquete de l'Egypte, publie avec une preface..." vom Jahre 1672, das er dem König von Frankreich, dem „Sonnenkönig" Ludwig XIV., vorlegte, dass "die Bedingungen für die Auflösung des Osmanischen Reichs sehr geeignet sind und nicht nur Ägypten, sondern der ganze Orient auf einen Retter warten, damit sie sich erheben und ihm furchtlos folgen können".

Leibniz brachte sehr attraktive Ideen vor, um Ludwig XIV. zur Aufnahme des Krieges zu bewegen: "Wenn Frankreich mit Holland Krieg führt, kann es nur mit Geld

Bundesgenossen finden. Bei einem Krieg gegen die Türken hingegen werden Ihre Majestät in hohem Maße Unterstützung finden. Der Papst, die italienischen Fürsten, Sizilien, Spanien werden Ihnen zu Hilfe eilen. Wenn der ägyptische Krieg den erwarteten Erfolg bringt, werden wir uns der See- und Landwege des Orienthandels bemächtigen. Den Oberbefehl über die christlichen Mächte und die Ehre der Vernichtung des türkischen Reichs wird dem König von Frankreich gebühren. Mit dem Titel des Kaisers des Osten, des Herrschers der Welt und des Führers der christlichen Welt wird sein Name mit Ruhm und Ehre genannt werden".

Trotz allem wird die osmanische Verwaltung jedoch in den Werken der Intellektuellen auch als Vorbild angegeben. Jean Bodin, der Theoretiker des Absolutismus im 16. Jahrhundert und ähnliche Philosophen behaupten, dass das Osmanische Reich das Beispiel eines idealen politischen Systems darstelle. Geschichtsschreiber und Philosophen wie Giovio, Frense-Caneye und Busbecq loben in gleichem Sinne das militärische und administrative Verwaltungssystem der Osmanen.

Macchiavelli erzählt über die Türken

Nicola Macchiavelli, über dessen Ideen in seinem politisch-wissenschaftlichen Werk „Der Prinz" heute noch diskutiert wird, bringt in seinem Werk auch die Osmanen zur Sprache und vergleicht Frankreich und das Osmanische Reich. Macchiavelli deutet in seinem Werk darauf hin, dass die Eroberer in den eroberten Plätzen persönlich residieren müssten, um diese Plätze behaupten zu können und gibt als Beispiel hierfür die Türken in Istanbul an.

Der Autor, der behauptet, dass die Probleme der Beibehaltung eines neu eroberten Landes sich in zwei Formen offenbaren, erklärt zugleich, dass dieser Zustand sich aus dem Verwaltungssystem des jeweiligen Landes ergibt. Er behauptet weiterhin, dass es sehr schwer ist, das Osmanische Reich einzunehmen, aber ein Leichtes, es zu halten, sobald es einmal besetzt ist. Laut Macchiavelli seien im Falle eines Angriffs keine Feudalherren vorhanden, die die Besetzer von innen hereinrufen würden und eine Erhebung des Volkes sei ausgeschlossen.

Da im Osmanischen Reich Einheit herrsche, würden die Angreifer allein auf ihre eigenen Kräfte angewiesen sein. Dies sei das eigentliche Problem bei der Einnahme des türkischen Reichs. Wenn jedoch die Türken einmal besiegt und ihre Streitmacht vernichtet sei, dann bräuchte man sich um niemanden außer der Herrscherfamilie mehr zu sorgen. Nachdem die Angehörigen des Herrscherhauses getötet worden wären, würde sich das Volk einer neuen Ordnung leicht anpassen, da keine weiteren Herren vorhanden seien, die dem Volk Respekt einflössen und dieses führen könnten.

Macchiavelli stellt im Weiteren fest, dass der Zustand in Frankreich, das er als zweites Beispiel angibt, genau das Gegenteil davon ist. Denn Frankreich sei ein Land, das leicht besetzt, aber nur schwer gehalten werden könne. Der Grund dafür wären die Feudalherren.

Die Türken im Sinne Luthers: Etwas Hoffnung, etwas Furcht...

Luther, der Gründer des Protestantismus, verfasste unzählige Schriften über die Türken. Obwohl sich in Angesicht des Vorstoßes der Osmanen in Europa in der christlichen Welt eine große Furcht verbreitet hatte, wollte Luther, dass anstatt gegen die Türken, erst einmal gegen den Papst in Rom gekämpft wurde. Wie überall in Deutschland, gingen auch bei Luther die „Türken als Hoffnung“ und die „Furcht vor den Türken“ Hand in Hand.

Luther wurde fortwährend gedrängt, etwas über den Kampf gegen die Osmanen zu schreiben. Die Katholiken hingegen behaupteten, wie bei allem anderen Unheil, dass auch die Ursache der Türkengefahr bei Luther liege. Daraufhin schrieb Martin Luther sein Werk "Über den Krieg wider die Türken". Dieses Werk, erstmals veröffentlicht im April 1529, wurde im gleichen Jahr neunmal neu gedruckt.

Luther weist auf Folgendes hin: "Da der Türke die erzürnte Peitsche Gottes, der Diener des verbrennenden und zerstörenden Teufels ist, muss vor dem Türken sein Herr, der Teufel besiegt, die Peitsche Gottes ergriffen und der Türke allein gelassen werden. Die Geistlichen müssen den Menschen dies klar machen: "Gott hat uns wegen unserer unzähligen Sünden und unserer Undankbarkeit den Deutschen die Türken zum Fluch gegeben".

Die Christen sollten nicht, wie der Papst und seine Anhänger verlangen, nur physisch gegen die Türken kämpfen. Sie sollen den Türken als einen Fluch und die Peitsche Gottes erkennen und sich mit Gebeten, Klageliedern und Aufopferungen gegen ihn schützen. Wer diesen Rat missachtet, unterschätzt den Türken. Ich würde gern sehen, was diese Menschen gegen den Türken ausrichten können.

Alle, die gegen den Türken kämpfen wollen, sollten sich unter der Fahne des Kaisers einfinden. Der Kaiser ist der Repräsentant der göttlichen Ordnung und der Oberbefehlshaber der Armee. Dem Kaiser ergeben sein, heißt in diesem Fall Gott ergeben sein. Wenn der Kaiser die Heiden und die Feinde der Christenheit vernichten möchte, sollte er anstatt mit den Türken zu kämpfen, erst den Kampf gegen den Papst, die Bischöfe und den Klerus aufnehmen. Innerhalb des Kaisertums gibt es genug Heidentum und religionsfeindliche Bewegungen.

Sowohl in Hinsicht auf ketzerische Lehren, als auch auf außerreligiöse und schädliche Lebensstile befinden sich unter uns unzählige Türken, Juden und Heiden. Lasst den Türken glauben und leben, wie er will. Geben wir nicht auch dem Papst und den Christen diese Gelegenheit?

Den Kampf sollten wir nicht nur als einen Kampf gegen die Türken, sondern auch gegen den Papst erkennen. Die

Türken sind mindestens so fromm wie der Papst. Sie glauben an die vier heiligen Bücher, die Propheten und Christus und halten seine Mutter, die Heilige Jungfrau Maria, heilig. Sie glauben nur nicht, dass Christus ihrem Propheten überlegen und Gott ist.

Würde der Papst über die Kraft des Türken verfügen, würde er mehr Schaden anrichten als die Türken. Der einzige Unterschied des Papstes von den Türken ist, dass diese ihre Schwerter in die Hand nehmen. Der Kampf gegen den Papst und die Türken ist das Gleiche. Beide verüben die gleichen Sünden.

Sich nach der türkischen Herrschaft sehnen, ist eine der größten Sünden. Es ist die Leugnung der Ergebenheit gegenüber den eigentlichen Herren. Das darf nicht ungestraft bleiben. Wer seine Herren verflucht und zum Türken rennt, wird nie mit reinem Gewissen zwischen den Osmanen leben können. Solange sie nicht dem Türken den Rücken zudrehen und zu ihren eigentlichen Herren zurückkehren, werden sie Reue und Schmerz empfinden. Ihre Körper werden zwischen den Türken weilen, aber ihre Seelen werden immer Sehnsucht nach hier haben.

Die Untreuen und Abtrünnigen begehen die schrecklichste Sünde, indem sie sich an den Grausamkeiten und blutigen Handlungen der Türken beteiligen. Wer sich freiwillig den Türken anschließt, wird zum Freund der Osmanen und zum Beteiligten ihrer Handlungen.

Gewaltsam und unfreiwillig bei diesem blutigen Hund und Teufel zu sein und Zeuge ihrer grausamen Handlungen werden, ist etwas Furchtbares. Christen sollten es vorziehen zweimal zu sterben als zwischen den Türken zu bleiben".

Die Scheinwelt der Reisenden

Die Reisenden kamen vorab mit einer Türkenfeindlichkeit in das Osmanische Reich. Das kleinste Ereignis reichte aus, die Türken zu erniedrigen. Denn die Türken waren für sie die barbarischen Feinde der Christen. Zwischen den Werken von Reisenden, die in der Türkei herumgereist waren und denen, die ihre Werke über die Osmanen verfassten ohne je dort gewesen zu sein, kann man fast keine Unterschiede erkennen. Die Bücher wurden nicht als ein Werk von Beobachtungen verfasst, sondern auf das von den Europäern entworfene legendäre Türkenbild gestützt. Außerdem war es den meisten Reisenden vergönnt, land und Leute kennenzulernen, weil sie mit den Türken nicht viel in Kontakt traten.

Bücher und Artikel wider den Türken zu verfassen, war eine Art Mode. In diesen Reisebeschreibungen werden die Türken als "Feiglinge, ungebildete Analphabeten, grausame, faule, habgierige, hochmütige, rohe Menschen, die die Christen verachten" bezeichnet.

Der Wahrheit ins Gesicht sehen

Nach 1630 sieht man in den Werken der Reisenden, die das Osmanische Reich bereisten, immer mehr, dass die Vorurteile gegen die Türken wirklichen Beobachtungen Platz machen. Mit der Abschwächung der alptraumhaften Furcht vor den Türken durch den Rückgang der Ausbreitung der Osmanen und die Neugierde um die Ursachen des Kraftverlusts der Osmanischen Reichs brachte die Reisenden dazu, in ihren Werken objektiver zu schreiben. Während die Türkei früher ein Land war, in dem die Barbarei umherstelzte und in dem nichts gut war, wurde es in den Werken der von ihren Vorurteilen bereinigten und objektiv beobachtenden Reisenden zu einem Reich mit Gesetzen und gut organisierten Institutionen.

Der Fortschritt der Forschungen über die Antike im 18. Jahrhundert und die Tatsache, dass Europa die alte griechische Kultur nunmehr als die Grundlage ihrer eigenen Zivilisation anerkannte, führte zu einer neuen Feindschaft gegen das Osmanische Reich. Die Osmanen wurden wieder zu Despoten, die die Christen in den Ländern beherrschten, auf denen die europäische Zivilisation gegründet wurde und sollten vollständig aus Europa vertrieben werden.

Der "unbesiegbare Türke" wurde besiegt

Da der Vorstoß der Osmanen nach der Eroberung Istanbuls nicht aufzuhalten war, fragte man sich in vielen europäischen Ländern: „Werden die Türken dieses Jahr in unser Land einfallen?". So fragt z.B. Macchiavelli in einem seiner Werke den Protagonisten: "Kommen die Türken nächstes Jahr nach Italien?".

Der unaufhaltsame Fortschritt der Türken und ihre fortlaufenden Erfolge in den Kriegen führte in Europa zu der Einstellung, dass „die Türken unbesiegbar" seien. Die Vorstellung des „unbesiegbaren Türken" infolge ihrer fortwährenden Erfolge wurde erstmals mit dem Mißerfolg der Belagerung von Malta im Jahre 1565 erschüttert. Die Niederlage der Osmanen bei der Seeschlacht von Lepanto am 7. Oktober 1571 brachte das Selbstvertrauen der Europäer zurück.

Der 7. Oktober 1571 wurde in unzähligen christlichen Ländern, aber vor allem in Venedig als Feiertag bekanntgemacht. In Italien wurden große Festlichkeiten veranstaltet. Zum Andenken an diesen Sieg wurden Statuen und Bilder entworfen. Die christliche Welt hatte letztendlich eingesehen, dass sie mit der Vereinigung ihrer Kräfte und einem festen Willen die Kraft der Osmanen, die ihnen Jahrhunderte lang Furcht eingeflösst hatten, beugen konnten. Der unbesiegbare Türke war besiegt und die legendäre Unbesiegbarkeit der Osmanen hatte ein Ende. Das Osmanische Reich, dessen Vorstoß nicht aufzuhalten gewesen war, erlitt das erste Mal nach der Eroberung von Istanbul einen großen Schlag.

Bis auf die Jahre 1632 bis 1640, zur Zeit der Regierung Sultan Murad IV., in der das Reich einen erneuten Aufschwung erlebte, verging die erste Hälfte des 17. Jahrhunderts mit Erschütterungen infolge einer Autoritätslücke. Dabei kämpfte in Europa in der ersten Hälfte des 17. Jahrhunderts infolge der Dreißigjährigen Kriege jeder mit jedem. Der geeignete Zeitpunkt, die Eroberungen zu erweitern, wurde versäumt.

Von 1656, als der Pascha Köprülü Mehmed zum Großwesir ernannt wurde, bis zur zweiten Belagerung Wiens im Jahre 1683 erlangte das Osmanische Reich 27 Jahre lang seinen früheren Glanz wie im 16. Jahrhundert wieder. Der Großwesir Köprülü Fazil Ahmed, der Sohn des mittlerweile verstorbenen Köprülü Mehmed, eroberte im Jahre 1663 das in der heutigen Slowakei gelegene Neuhäusel, im Jahre 1669 das seit 25 Jahren vergeblich belagerte Candia auf Kreta und im Jahre 1672 die polnische Festung Kamienec. Die Redewendung „stark wie ein Türke" war in Europa wieder einmal in jedermanns Munde. Die Vorstellung des unbesiegbaren Türken war zurückgekehrt. Nach Fazıl Ahmed Pascha drang Großwesir Kara Mustafa Pascha aus Merzifon, der 1676 zum Großwesir ernannt wurde, im Jahre 1681 in die Ukraine ein und eroberte Tschechrin. Im Jahre 1683 belagerte er dann Wien.

Auf Grund ihrer Angst vor den Osmanen vor der Belagarung von Wien wollte sich Österreich auf keinen Krieg mit dem Osmanischen Reich einlassen. Der österreichische Botschafter in Istanbul hatte alles drangesetzt, um einen Frieden zu erlangen. Als jedoch die osmanische Armee unter dem Pascha Merzifonlu Kara Mehmet von den Toren Wiens eine vollständige Niederlage erlitt, trat eine große Veränderung ein. Venedig, Österreich, Polen und Russland schlossen ein Bündnis ab und griffen das Osmanische Reich an.

Die Niederlage der osmanischen Armee 1683 vor Wien, die Besetzung Ungarns durch Österreich und die Erfolge des im Dienst Österreichs stehenden Feldmarschalls Prinz Eugen von Savoyen hatte wieder einmal gezeigt, dass der Türke durchaus nicht unbesiegbar war, wie lange Zeit angenommen wurde. Die Furcht vor den Türken, die mehr als 200 Jahre wie ein Alptraum auf den Europäern gelegen hatte, machte ab Ende des 18. Jahrhunderts dem Bild eines als unschädlich eingestuften Türken Platz, der verhöhnt und verspottet wurde.

Das neue Image der Türken in der Vorstellung der Europäer war nicht mehr der furchterregende Türke, sondern ein dicker Osmane, der Kaffee trinkt, Wasserpfeife raucht und sich von unzähligen Frauen im Harem bedienen lässt. Die furchterregende Seite des Osmanen lebte nur noch in den seit Jahrhunderten erzählten Märchen weiter.

Mit Anfang des 19. Jahrhunderts wurden Länder wie Griechenland, Serbien, Montenegro, Bulgarien infolge von politischem bzw. militärischem Druck auf das Osmanische Reich vonseiten Englands, Frankreichs und Russlands nach und nach vom Osmanischen Reich abgetrennt.

EIN MONARCH DER RENAISSANCE: SULTAN MEHMED II., „DER EROBERER"

Das Haus der Osmanen brachte zahlreiche große Heeresführer hervor, aber es gab keinen zweiten Herrscher, der die Wissenschaft, die Philosophie, das Debattieren und die Kunst so ernst nahm wie Sultan Mehmed II, der den Beinamen „der Eroberer" trug. Mehmed II. las Bücher über altrömische Geschichte, die Kriege von Alexander, dem Großen, und betrachtete sich als Kaiser von Rom. Sultan Mehmed II., der eigentliche Begründer des Osmanischen Reichs, war ein Monarch der Renaissance, der der Geisteswissenschaft und der Kunst eine hohe Bedeutung beimaß.

Geburt Mehmeds II.

Mehmed II., der größte Herrscher in der osmanischen Geschichte, kam am Sonntag, dem 30. März 1432 frühmorgens als dritter Sohn von Sultan Murad II. im Palast in Edirne auf die Welt. Seine Mutter war Hüma Hatun, deren Identität uns jedoch nicht genau bekannt ist.

Im Jahre 1443 wurde er der traditionellen osmanischen Staatsmaxime entsprechend als Statthalter nach Manisa gesandt, wo er die Staatsführung lernen sollte. Kurze Zeit später, ein Jahr nach seiner Abreise nach Manisa, stieg Mehmed II., nach der Abdankung seines Vaters Murad II., der infolge der endlosen Kriege und des Todes seines ältesten Sohns Aladdin, nunmehr völlig erschöpft war, mit 12 Jahren auf den osmanischen Thron. Der zukünftige Eroberer konnte während seiner ersten Regierungszeit zwischen den Wesiren, die jeder die Macht an sich reißen wollten, nicht die gewünschte Autorität herstellen und überließ nach zwei Jahren, einem gelungenen Streich des Großwesirs Tschandarli Halil Pascha zufolge, den Thron wieder seinem Vater. Trotz seiner Jugend war er so ehrgeizig, dass er sich noch immer als Herrscher sah und sich während seiner Statthalterschaft in Manisa auch so verhielt.

Istanbul: 850-jähriger Traum der moslemischen Welt

Als der damals 19-jährige Mehmed II. am 18. Februar 1451 abermals den Thron der Osmanen bestieg, hatte er die Eroberung Istanbuls in Gedanken schon beschlossen. Istanbul wurde nach einer Belagerung, die 53 Tage gedauert hatte, dank der Entschlossenheit Mehmeds II. erobert. Mehmed II. war von nun an „Mehmed, der Eroberer".

Nach seinem Einzug in die Stadt verrichtete Mehmed II. sein Gebet in der Hagia Sophia und sprach ein Dankgebet für seinen Sieg. Kurz darauf begab er sich in den Palast des byzantinischen Kaisers. Als er die baufälligen Räume des Palastes besichtigte, konnte man hören, wie er diese Verse vor sich hin murmelte: "Die Spinne spinnt ihr Netz im Palast der Kaiser/Eine Eule heult in den Türmen des Afrasiab."

Die Eroberung Istanbuls löste in Europa eine große Erschütterung aus. Christen bewerteten die Eroberung Istanbuls durch die Türken als einen großen Schicksalsschlag für die Menschheit, genau so wie die Zerstörung Jerusalems durch die Römer, die Kreuzigung Christus und das Ende der Welt.

Mehmed II. führte nach der Eroberung Istanbuls seine Eroberungen weiter ohne Zeit zu versäumen. Von Italien bis Serbien fürchtete man überall, dass man nun an der Reihe wäre. Die Prediger wanderten von Stadt zu Stadt, um das Volk zu informieren. Sie erzählten, dass die Hauptstadt des oströmischen Reiches infolge der Sünden der Menschheit in die Hände der Türken geraten wäre und Mehmed II. bis

Rom vordringen werde, sofern die Menschen nicht von der Ketzerei absehe.

Während der Sultan der Osmanen seine Eroberungen weiterführte, stellte sich ganz Europa in Furcht und Ohnmacht die Frage: "Ob die Türken wohl dieses Jahr zu uns kommen?"

Mit den Stiefeln an den Füssen

Nachdem Mehmed II. einen großen Teil Serbiens erobert hatte, belagerte er im Jahre 1456 Belgrad, das sein Vater Murad II. nicht hatte einnehmen können. Obwohl die Osmanen in einem letzten Angriff während der Belagerung es geschafft hatten, die Mauern zu überwinden, wurden sie mit einem Gegenangriff der Kreuzritter zurückgeschlagen. Als die osmanischen Staatsmänner bemerkten, dass die Kreuzritter sich nach der Seite wandten, wo der Sultan sich befand, wollten sie Mehmed II. zum Rückzug bewegen. Er jedoch antwortete: "Dem Feind den Rücken zukehren ist Feigheit. Mein Schicksal ist erhaben. Das Unglück ist auf der Seite des Feindes", nahm sein Schwert in die Hand, griff den Feind and und brachte so seine Armee wieder zusammen. Trotzdem schaffte der Eroberer von Istanbul es nicht, Belgrad zu erobern.

Der Misserfolg vor Belgrad sorgte in Europa für große Aufregung. Der Sieg über die Türken verbreitete sich von Mund zu Mund. "Ich bin zur Vernichtung der Feinde der Religion berufen", meinte Papst Calixtus III. und rief in der Aufregung, die der Glauben hervorgerufen hatte, dass sich mit Belgrad der Sieg und der Wind gegen die Türken gedreht habe, die christlichen Fürsten zu einem neuen Kreuzzug gegen die Türken auf. Infolge seines Todes, der kurze Zeit später auftrat, wurde der Kreuzzug verschoben.

Mehmed II. wischte die Spuren der Niederlage bei Belgrad weg und setzte seine Eroberungen unaufhörlich fort. Er eroberte die Inseln in der Ägäis, Serbien, Kroatien, Bosnien,

Griechenland, Albanien, Montenegro und einen Teil Rumäniens. Während Europa ohnmächtig vor Furcht darauf wartete, dass die Reihe an sie kam, vereinigte Mehmed II. Mittel- und Ostanatolien mit seinem Reich.

Der Tod Mehmed II. rettete Rom

Alexander (Skender Beg) von Albanien war ein Fürst, der Sultan Mehmed, den Eroberer, im Balkan lange Zeit beunruhigte. Als Sultan Mehmed der Tod Skender Begs mitgeteilt wurde, rief er der Übertragung nach: "Nun sind Europa und Asien mein! Die christliche Welt soll trauern! Denn sie hat ihr Schwert und ihr Schild verloren."

Das Ziel Sultan Mehmeds II. in seinen letzten Jahren war die Eroberung Italiens. Der Feldzug des Gedik Ahmed Pascha im Jahre 1480 war erfolgreich und Otranto wurde erobert. Doch der Tod Mehmed II. ein Jahr nach diesem Erfolg rettete Italien vor der Herrschaft der Türken. Die Nachricht vom Tod Sultan Mehmeds wurde in Italien mit Freude begrüßt. Das Läuten der Kirchenglocken feierte den Tod des „Grand Turco", des großen Türken.

Die Rache Trojas

Mehmed II. besuchte während der Eroberung von Mytilene im Jahre 1462 die Ruinen Trojas in der Nähe von Çanakkale und suchte hier nach den Gräbern von Achilles und den anderen Helden, nachdem er die Ruinen und den Platz von Troja besichtigt hatte. Er pries die Helden der trojanischen Kriege, die Homer in seinem Werk mit Lob erwähnt. Den Übertragungen zufolge schüttelte er an den Ruinen von Troja den Kopf und sagte: „Allah hat mich als den verbündeten dieser Stadt und dieses Volkes bis heute erhalten. Wir haben die Feinde dieser Stadt besiegt und ihr Land genommen. Dieser Platz wurde von Mazedoniern, Tessalen und Moreoten erobert. Auch wenn viele Zeitalter und Jahre darüber vergangen sein sollten, haben wir uns für ihr immerwährendes schlechtes Verhalten der Asiaten gegenüber an ihren Enkeln gerächt."

Der Fürst, der seine Mutter als Botschafterin zu Mehmed II. sandte

Uzun Hasan oder der „Lange Hasan", der Beherrscher der Lande des „Weißen Hammels" heiratete im Jahre 1458 Theodora, die Tochter des trapezuntischen Kaisers Johannes Komnenus IV., die von den Türken Despina genannt wurde, und versprach ihm Hilfe gegen die Osmanen. Als Sultan Mehmed einen Feldzug gegen Trapezunt unternahm, sandte Uzun Hasan seine Mutter Sara als Botschafterin in das Osmanische Reich, um das Land seines Schwiegervaters zu retten. Mit ihrem Gefolge traf Sara den Sultan an seinem Hoflager am Bulgarischen Berg. Er nahm ihre Geschenke an und sprach Sara mit großem Respekt als „Mutter" an. Mit ihr zusammen überschritt er den Bulgarischen Berg und führte seinen Feldzug gegen Trapezunt fort. Während des Überschreitens des Berges war der Sultan mehrere Male abgestiegen und gelaufen. Als Sara ihn daraufhin fragte: „Sohn! Lohnen sich all diese Anstrengungen für ein Trapezunt, eine einzige Stadt?", antwortete der Sultan: "Mutter, ich gehe diese Anstrengungen nicht für Trapezunt ein, sondern für den Weg des Islam, damit ich mich im Jenseits im Angesicht Allahs nicht schämen muss. Denn wir tragen das Schwert des Islam. Wenn wir uns diese Mühe nicht geben, nennt man uns zu Unrecht Veteranen."

Uzun Hasan, der das Land seines Schwiegervaters nicht retten konnte, setzte sich 12 Jahre später, aufgehetzt durch die Herrscher der mittlerweile eroberten Fürstentümer in Anatolien sowie Venedig, Ungarn und dem Papst, gegen Sultan Mehmed in Bewegung. Am Anfang wandte sich alles gegen die Osmanen. Es war, als würden die Schrecken der Zeit Timurs wieder hervorbrechen. Aber die Osmanen erlangten einen großen Sieg in der Schlacht von Otlukbeli, die am 11. August 1473 zwischen diesen zwei Reichen stattfand.

Heldenhafte Herrscher

Mehmed II. war ein Herrscher, der mit seinen Siegen in die Weltgeschichte einging. Er erfocht diese Siege nicht leicht, sondern kämpfte gegen die mächtigsten Fürsten des Balkan und Südosteuropa. Vlad Drakul, der „gepfählte" Woiwode der Walachei, Stefan Cel Mare, Fürst der Moldau und Alexander, der Fürst von Albanien, Johann Hunyadi, der Oberbefehlshaber der ungarischen Heere, Uzun Hasan, der Fürst des Weißen Hammels; alle waren sie die größten Helden in der Geschichte ihrer Nationen.

Die Hoffnung der Christen und Juden

Stefan Tomasewitsch, der König von Bosnien, schrieb in seinem Brief an den Papst im Jahre 1461 folgende Zeilen und legte damit die versteckten Seiten der unaufhaltsamen Eroberungen Sultan Mehmeds offen: "Die Türken verstehen sich mit den Bauern sehr gut. Sie versprechen jedem Bauern, der sich ihnen anschließt, die Freiheit. Da die Bauern nicht sehr klug sind, lassen sie sich von den Türken betören. Sie glauben, ihre Freiheit werde endlos fortführen. Wenn der Heilige Vater mich nicht unterstützen sollte, wird mein Volk auf diese Lügen reinfallen und sich gegen mich erheben. Die Adligen können aber ihre Festungen ohne die Hilfe der Bauern nicht lange halten."

Den Moslems wurde damals in Europa keine Lebenschance gewährt und die Juden konnten ihre Existenz nur unter sehr schweren Bedingungen weiterführen. In den osmanischen Ländern hingegen lebten Menschen jeden Glaubens. Der Jude Isaak Sarfarti schrieb deshalb im Jahre 1454 an seine Glaubensbrüder in Mitteleuropa, dass die unter dem Banner des Halbmonds viel glücklicher lebten als die unter der

Herrschaft des Kreuzes. Sie sollten die riesige Folterkammer in Europa verlassen und in die Türkei kommen. Zahlreiche Juden in Europa waren in das Osmanische Reich ausgewandert, um hier unter dem Schatten der Feigenbäume und Weinstöcke frei zu leben.

In Europa, das den Vorstoß Sultan Mehmeds nicht aufhalten konnte, wurden über den Herrscher der Osmanen sehr interessante Gerüchte verbreitet. Das Gerücht, Sultan Mehmed hätte den griechisch-orthodoxen Patriarchen die Bibel ins Türkische übersetzen lassen, würde die Gebete, die er von seiner Mutter, einer Christin, gelernt hatte, aufsagen und dem Christentum geneigt sein, erreichte letztendlich auch den Heiligen Vater in Rom. Papst Pius II., der gegen den Forstschritt der Osmanen nichts ausrichten konnte, schrieb um das Jahr 1460 einen Brief an Mehmed II., indem er ihm bedeutete, dass wenn er die Christen beherrschen wolle, dazu kein Geld, keine Waffen und kein Heer brauche. Eine Taufe mit ein paar Tropfen Weihwasser, würde ausreichen, ihn zum Weltherrscher zu machen. Damit rief der Papst den Sultan auf, sich zum Christentum zu bekehren. Der Brief des Papstes an Mehmed II. wurde 1469 in Köln veröffentlicht.

Wissenschaftliche Diskussionen in der Anwesenheit des Sultans

Auch nach Sultan Mehmed II. brachte die osmanische Geschichte Weltherrscher hervor, aber es gab keinen zweiten Sultan, der die Wissenschaft, die Philosophie, das Debattieren und die Kunst so ernst nahm wie Sultan Mehmed. Er war ein Monarch der Renaissance, der der Geisteswissenschaft und der Kunst eine hohe Bedeutung beimaß.

Sultan Mehmed II. hatte gern die Gelehrten seiner Zeit um sich und ließ sie in seiner Anwesenheit debattieren. Die Gelehrten, die vor dem Sultan in ihren Debatten erfolgreich waren, wurden belohnt. Die Verlierer mussten ihre Stellen aufgeben. Diese Debatten erstreckten sich manchmal über mehrere Tage.

Die Debatte von Molla Zeyrek und Hocazade über ein religiöses Thema vor dem Sultan und mit Molla Hüsrev als Schiedsrichter führte sechs Tage. Nach Ablauf von sechs Tagen verlangte der Sultan, dass die Disputanten in ihre Notizen sehen sollten. Während Molla erklärte, er würde keine Notizen nehmen, meinte Hocazade, er könne seinem Konkurrenten eine Kopie seiner eigenen Notizen geben. Als der Schiedsrichter Molla Hüsrev zugunsten von Hocazade entschied, wurde der Lehrstuhl, den Molla Zeyrek bis dahin geführt hatte, an Hocazade übertragen. Molla Zeyrek konnte das Ergebnis der Debatte jedoch nicht verkraften und ging nach Bursa.

Gazali, einer der wichtigsten Gelehrten der islamischen Welt, verdammte in seinem Werk „Tehafütü'l-Felasife" (Der Widerspruch der Philosophen) den Verstand. Der Andalusier Ibn Rüschd hingegen hob in seinem Werk „Tehafü't-tehafüt" (Der Widerspruch des Widerspruchs), das er als Antwort auf Gazali verfasste, die Überlegenheit des Verstands heraus. Diese Diskussion führte in der islamischen Welt auch nach diesen beiden Gelehrten fort. Mehmed II. beauftragte Muslihiddin Mustafa, der als Hocazade bekannt war sowie den Gelehrten Alaeddin Tusi, Werke über dieses Thema zu verfassen. Hocazâde schrieb in vier und Tusi in sechs Monaten je ein Buch und beide legten diese dem Sultan vor. Als Sultan Mehmed, nachdem er beide Werke gelesen hatte, Hocazade höher belohnte, verübelte Alaeddin Tusi es dem Sultan, dass er unterschätzt worden war und kehrte zurück nach Semerkand.

Da Sultan Mehmed die Wissenschaft hoch schätzte, rief er die wichtigsten Gelehrten der islamischen Welt gegen hohe Geldbeträge aus ihren Ländern in das Osmanische Reich. Im Jahre 1472 nahm er den berühmten Mathematiker und Astronomen Ali Kuşçu, der im Dienste des Fürstentums des

Weißen Hammels stand, mit einem Gefolge von 200 Personen in seine Dienste, indem er ihm soviel Geld wie die Wegstrecke gab, die er zurückgelegt hatte. Ali Kuşçu war ein großer Gelehrter, der zahlreiche Werke über Astronomie, Mathematik, Theologie, Sprache und Rechtswissenschaft verfasst hatte. Es war ein großes Unglück für das Osmanische Reich, dass Ali Kuşçu, der als Lehrkörper der Schulen der Hagia Sophia ernannt wurde, im Jahre 1474, zwei Jahre nach seiner Ankunft starb.

Hizir Beg, der erste Richter von Istanbul, war ein Vertrauter des Sultan. Er wurde als der zweite Ibn Sina (in Europa bekannt als „Avicenna") seiner Zeit, als eine „Welt der Wissenschaft" bezeichnet. Er überreichte Sultan Mehmed einmal ein Gedicht in Arabisch. Als der Sultan seinen Lehrer Molla Gürani dieses Gedicht lesen ließ, deutete dieser auf dem Papier auf einen Fehler hin. Als Sultan Mehmed dieses Stück Papier Hizir zusandte, um seine Meinung darüber einzuholen, bekam er eine sehr interessante Antwort: Hizir brachte den Lehrer des Sultan zum Schweigen, indem er als Beispiel anführte, dass die Anordnung des Satzes auch im Koran in dieser Weise vorkomme und die Sprache des Koran nicht als fehlerhaft angenommen werden könne.

Gedichte und der Sultan

In Umgebung des Sultan, der selbst ein guter Dichter war und unter dem Pseudonym „Avni" Gedichte verfasste, fanden sich regelmäßig die berühmtesten Dichter seiner Zeit ein. Sultan Mehmed förderte zahlreiche osmanische Dichter mit monatlichen Fördergeldern. Ahmed Pascha, eine wichtiger osmanischer Dichter wurde gefangen gesetzt, weil er zu viel trank und ein Weiberheld war. Mit einem Gedicht, das er dem Sultan aus der Gefangenschaft sandte, wurde er zwar wieder freigelassen, aber der Sultan wollte ihn nicht mehr in seiner Umgebung dulden.

Sinan Pascha, der Sohn von Hizir, war einer der wichtigsten Dichter und Schriftsteller seiner Zeit. Als Sinan Pascha, der eine zeitlang auch Lehrer des Sultans war, mit diesem in Zwietracht verfiel, wurde er gefangen gesetzt. Molla Hüsameddin zögerte keinen Moment und schrieb an Sultan Mehmed einen in Härte abgefassten Brief, indem er die Gelehrten seiner Zeit mit auf seine Seite zog. In diesem Brief erklärte er in einer ziemlich scharfen Sprache, dass wenn ehrbaren Gelehrten wie Sinan Pascha nicht der ihnen zustehende Respekt geboten werde, sie das Osmanische Reich verlassen würden und zwang somit Sultan Mehmed in diesem Sinne einen Schritt zurückzusetzen.

Zwischen den Dichtern seiner Zeit befanden sich auch zwei Frauen: Mihri Hatun und Zeynep Hatun. Im Gegensatz zu ihren männlichen Kollegen verwendeten die Dichterinnen nicht das persische Dichtungsmodell, sondern schrieben ihre Gedichte in freiem Stil.

Christliche Gelehrte

Sultan Mehmed duldete in seiner Umgebung nicht nur Moslems, sondern unterhielt sich auch gern mit Christen. Er interessierte sich dafür, wie welterschütternde Heeresführer wie Alexander, der Große, Hannibal, der Seldschuke Kaykawus und Caesar ihre Siege errangen und ließ sich in diesem Sinne Bücher vorlesen. Um Informationen über die Streitmächte der Länder und ihren Wettkampf untereinander zu erhalten, benutzte er zahlreiche Abendländer wie den Florentiner Benedetto Dei. Priester, Händler, Menschen jeder Klasse standen im Dienste Sultan Mehmeds und die Nachrichten aus den Städten, in denen Versammlungen gegen die Türken gemacht wurden, erreichten ihn in kürzester Zeit. Der Priester Jacop Unrest schrieb in seinem Werk aus dem Jahre 1472: "Der türkische Kaiser hat sämtliche Städte Europas auf seiner Landkarte abgesteckt. Seine Informationen erhält er von einem Priester im Exil und zwei hochgestellten christlichen Geistlichen."

Der Florentiner Benedetto Dei erklärte Sultan Mehmed um 1460 während einer Audienz die Besonderheiten der italienischen Staaten und bekam eine sehr interessante Antwort auf seine Feststellung, dass „wenn die vier Mächte Milan, Neapel, Florenz, Venedig, die Geld, Ansehen und Waffen besitzen und die anderen italienischen Fürstentümer ihre Land- und Seemächte vereinen, werden die heutigen Italiener mächtiger sein als ihre Vorfahren". Sultan Mehmed antwortete Dei folgendermaßen: "Florentiner, ich habe allem, was du mir gesagt hast, zugehört. Ich glaube an all das. Aber ich kann dir auch sagen, dass Italien die großen Erfolge der Vergangenheit nicht mehr zurückholen kann. Denn die großen Erfolge in der Vergangenheit verdankten sie der Macht der Römer. Sie waren damals die einzigen Herrscher von Italien. Heute jedoch teilt sich dein Land in 20 Staaten und verschiedene Mächte. Ihr bekämpft euch untereinander und seid Todfeinde. Ich weiß sehr viel, was meine Pläne unterstützen könnte. Da ich sehr jung, reich und vom Glück verfolgt bin, möchte ich Caesar, Alexander, den Großen und Kaykawus übertreffen."

Ebenso diskutierte Sultan Mehmed mit den griechisch-orthodoxen Patriarchen Gennadius und Maximos das Christentum. Gennadius verfasste auf Wunsch Sultan Mehmeds einen Artikel über das Christentum und legte es dem Sultan vor. Dieser Artikel wurde zudem in die türkische Sprache übersetzt.

En westlicher Gelehrter namens Ciriaco de Pizzicolli aus Anconita, der in die Dienste Sultan Mehmeds nach dessen zweiter Thronbesteigung im Jahre 1451 trat, blieb bis in das Jahr 1454 beim Sultan. Ciriaco, der zusammen mit einem weiteren italienischen Gelehrten, dessen Name uns leider nicht bekannt ist, den Sultan beriet, las ihm unzählige Werke aus dem Lateinischen vor. Der byzantinische Gelehrte

Kritobulos befand sich auch auf lange Zeit beim Sultan. Er verfasste ein Werk, in dem er die Kriege Sultan Mehmeds erzählte. Der trapezuntische Gelehrte Amirutzes, der nach der Eroberung Trapezunts (1461) in die Dienste des Sultans trat, übersetzte zahlreiche Bücher. Unter diesen Übersetzungen des Amirutzes befand sich auch die „Geographia" des Ptelemeos Claudis. Außerdem erstellte er eine Landkarte von Istanbul.

Die byzantinischen Gelehrten lasen Sultan Mehmed II. Bücher über die altrömische Geschichte und die Kriege Alexander, des Großen vor und behaupteten, dass wer Istanbul besitze, auch der Kaiser von Rom sei. Nach der Eroberung Istanbuls betrachtete sich Sultan Mehmed dementsprechend als den einzigen Erben des römischen Kaiserthrons und setzte alles dran, um sämtliche mit dem byzantinischen Kaiserreich verwandten Fürstenhäuser (das trapezuntische Kaiserreich, die Despoten von Morea, etc.) aus dem Weg zu räumen. In der Person Sultan Mehmeds II. erhob sich das Bild des *Osmanischen Sultans*, der die Traditionen der türkischen, persischen und islamischen Herrscher mit den Traditionen der römischen Herrscher in sich vereinte.

Sultan Mehmed rief ebenso viele Kunstmaler und Wissenschaftler aus Europa in sein Land. Zahlreiche italienische Kunstmaler, Bildhauer und Künstler kamen damals an den osmanischen Hof. Der berühmteste unter ihnen war Gentile Bellini, der in den Jahren 1479 - 1481 am Hof des Sultans weilte und verschiedene Portraits und Münzen des Sultans anfertigte. Nach dem Tod Sultan Mehmeds II. vernachlässigte sein Sohn Bayezid II. die Kunst und die für den Sultan angefertigten Bilder wurden auf den Märkten verkauft.

Um 1480 sandte der Florentiner Francesco Berlinghieri Sultan Mehmed sein Werk die "Geographia" zusammen mit einer Widmung an denselben. Angelo Vadio aus Casena schenkte dem Sultan sein Werk "De re Militari", in dem er über den Krieg schrieb. Giovanni Maria verfasste für Sultan Mehmed eine lateinische Lobschrift, die aus 4706 Versen bestand.

Der eigentliche Gründer des Imperiums

Sultan Mehmed II. bemühte sich nicht nur um Eroberungen und die Wissenschaft, sondern spielte auch in der Gründung der staatlichen Einrichtungen eine große Rolle. Von der Bürokratie bis zur Organisation des Hofes, von den Finanzen bis zur Organisation des Heeres wurden zahlreiche Anordnungen in seiner Zeit getroffen. Die Regierungszeit Sultan Mehmeds II. ist der Beginn des Klassizismus in zahlreichen Feldern wie von der Geschichtswissenschaft zur Literatur, von der Architektur zur Schulbildung, von der Bürokratie zur Hofverwaltung. Sultan Mehmed II., ein Monarch der Renaissance, ist der eigentliche Begründer des Osmanischen Reichs.

DIE OSMANISCHEN HEERE

Das Osmanische Reich behauptete in sehr frühen Zeiten gegen die Fürstentümer in Anatolien und die christlichen Staaten auf dem Balkan eine große Überlegenheit dank eines zentralen Heers. Zu diesen Zeiten bestanden die Heere zumeist aus den Streitkräften der Feudalherren. Dass keine Einheit zwischen den Streitkräften bestand, führte zu großen Problemen. Die Osmanen hingegen gründeten mit der zentralen Armee eine hoch disziplinierte Streitkraft und schlossen somit auch die türkischen Fürsten aus, die die Autorität des Sultans hätten erschüttern können. Das ganze Osmanische Reich war imstande im Falle eines Kriegs sich unverzüglich in Bewegung zu setzen. Denn eine Mobilisierung von Zehntausenden nur durch täglich gefasste vorläufige Beschlüsse war unmöglich.

Wege werden gesäubert, Brücken instandgesetzt

Wenn im Osmanischen Reich der Krieg gegen ein Land beschlossen werden sollte, versammelte sich der Divan, der kaiserliche Rat in Anwesenheit des Sultans. An diesem Divan beteiligten sich neben den Mitgliedern des Divans auch der Kapudan Pascha, also der Pascha der Meere, der Großmufti, der Aga der Janitscharen, die betreffenden Provinzstatthalter, die sog. Beylerbeyi, und die Heeresführer. Jeder wurde hier um seine Meinung gefragt. Von den betreffenden Personen wurden Informationen über den Zustand der Land- und Seekräfte und die Finanzen eingeholt. Der Großmufti seiner Zeit bzw. hochgestellte Geistliche gaben ein Fetwa, d.h. eine Stellungnahme zur Zulässigkeit des Krieges ab.

Nachdem das Fetwa eingeholt und der Krieg einstimmig beschlossen war, wurden die Rossschweife des Sultan vor dem Arsenal aufgestellt. Daraufhin setzte sich das ganze Osmanische Reich in Bewegung. Sämtliche Statthalter und Kadis, also die Richter, in den Städten, die auf dem Weg in der Richtung des Feldzugs lagen, erhielten Befehl, die erforderlichen Arbeiten an den Wegen und Brücken auszuführen. Die Wege wurden gesäubert, erweitert, die Hindernisse beiseite geschafft und in einen Zustand versetzt, der es erlaubte, dass Zehntausende von Soldaten diese Wege ohne Schwierigkeiten passieren konnten. Baufällige Brücken wurden ausgebessert oder zerstörte Brücken neu gebaut.

Neben diesen Vorarbeiten wurden auch während des Feldzugs durch Truppen, die dem Heer vorausgingen, die Wege in Ordnung gehalten, die Moraste in einen passierfähigen Zustand versetzt und die Brücken ausgebessert. Die Vortruppen markierten die ausgebesserten Wege, damit das Heer hinter ihnen die richtige Richtung einhalten konnte.

Die Nahrung für Mensch und Tier wird gelagert

Die größte Sorge galt im Falle eines Krieges der Deckung des Nahrungsbedarfs von Zehntausenden von Menschen. Außerdem musste auch Futter für die Tiere beschafft werden, die die Soldaten und die ganzen Gegenstände des Heeres trugen. Zu diesem Zweck wurden den örtlichen Verwaltern in der Richtung des Feldzugs Befehle erteilt, an vorher bestimmten Stellen, an denen gerastet werden sollte, die erforderlichen Nahrungsmittel zu lagern. Die Lagerhäuser zur Aufbewahrung der Nahrungsmittel wurden auch in Friedenszeiten für den Fall eines Kriegs regelmäßig aufgefüllt. Damit die gelagerten Nahrungsmittel nicht verdarben, mussten die Decken und Böden dieser Lagerhäuser stark gebaut sein und keine Feuchtigkeit zulassen. Wenn ein Nahrungsmittel im Lager verdarb, wurde es sofort durch ein neues ersetzt.

In den Lagerhäusern wurden vor allem Mehl, Weizen, Weizengrütze, Roggen, Mais, Reis, Gerste, Fett, Honig, Schafe, Hühner, Brot, Stroh, Gras und Holz gelagert. Auch Obst und Gemüse wurden im Heer verbraucht. Nahrungsmittel, die ihrer Natur gemäß nicht gelagert werden konnten, wurden auf dem Weg eingekauft. Diese Nahrungsmittel wurden entweder durch den Staat aufgekauft oder als Steuern, die sog. „Avariz-i Divaniye" und „Tekalif-i örfiye", von der Bevölkerung erhoben. Die Bedarfsgegenstände des Heeres wurden zumeist aus den Gebieten in der Richtung des Geldzuges beschafft. Wenn auf dem Weg des Feldzugs Hungersnot herrschte, wurden die Utensilien auch aus weiter entfernten Gebieten angekauft. So wurden z.B. im Jahre 1578 infolge des Mangels an Nahrungsmitteln während des Feldzugs nach dem Iran auf Grund der Hungersnot in Gebieten wie Erzurum und Aleppo, Nahrungsmittel aus der Moldau angekauft. Der Staat beschaffte die Nahrungsmittel zu Kriegszeiten zu einem von ihm festgesetzten niedrigeren Preis.

Wenn während eines Feldzugs ein Mangel an Nahrungsmitteln herrschte, konnte es sehr gut vorkommen, dass die Soldaten unruhig wurden. Außerdem konnte ein hungriger Soldat den Dörfern und kleinen Städten in der Umgebung schaden. Das wiederum würde bedeuten, dass die Bevölkerung sich der osmanischen Verwaltung entfremdete. Feldzüge mit über 100.000 Beteiligten wurden unter strenger Disziplin unternommen. Sobald die Soldaten den Feldern und Tieren der Bauern auf dem Weg des Feldzugs Schaden anrichteten, begab sich der Geschädigte zum Heer und teilte den Heeresführern seinen Schaden mit. Der Schaden eines Bauern, dessen Feld verwüstet oder dem ein Tier entwendet wurde, wurde aus der Schatzkammer gedeckt.

Frisches Essen

Dass die Soldaten anstatt trockener Nahrung täglich frisch gekochtes Essen erhielten, war in Hinsicht auf ihre

Ernährung sehr wichtig. Essen wurde zweimal am Tag gekocht. Die Hauptzutaten des Essens waren zumeist Schafsfleisch. Rindfleisch wurde damals nicht sehr oft verwendet. Für einen einjährigen Feldzugs brauchte man deshalb bis zu 100.000 Schafe. Außerdem wurden aus Reis und Weizengrütze Suppen und Reisgerichte gekocht. Der Graf von Marsigli, der sich eine Zeit lang als Gefangener beim osmanischen Heer befand, erzählt, dass jeder Soldat täglich 320 Gramm Brot, 160 Gramm Zwieback, 200 Gramm Schafsfleisch, 160 Gramm Reis und 80 Gramm Fett erhielt.

Das wichtigste Nahrungsmittel, das Brot, wurde auf zwei Wegen beschafft. Die Gebiete, die auf dem Weg des Feldzugs lagen, erhielten Befehl, Brot zu backen und bereit zu halten. Wenn die Lage und die Zeit es erlaubten, wurde das Brot in Öfen gebacken, die zu diesem Zweck im Lager angelegt wurden. Da jedoch Brot nicht lange haltbar war, wurde eher Zwieback bevorzugt. In den Lagern auf dem Weg des Feldzugs wurde ständig Zwieback gelagert. Dieser Zwieback wurde gebacken und gelagert, aber auch verbraucht, wenn er innerhalb eines Jahres nicht vom Heer verwendet wurde. Außerdem wurden die Plätze auf dem Weg des Feldzugs angewiesen Zwieback zu backen, der dann in Säcken mit Eseln und Kamelen zum Heer befördert wurde.

Das Trink- und Nutzwasser des Heeres wurde von Wasserträgern beschafft. Die Wasserträger unter dem Befehl des Wasserträgermeisters trugen das Wasser in ledernen Wassersäcken auf Pferden heran. Utensilien wie Pulver, Kanonenkugeln, Hufe, Nägel, Teer, Filz, Eisen, Fackeln, Stoffe, Zelte wurden vor der Abreise und während des Feldzugs von den jeweiligen Händlern bezogen.

Sämtliche Utensilien des Heers wurden auf Pferden, Eseln und Kamelen getragen. Da die Wege nicht geeignet waren, wurden Wagen sehr wenig benutzt. Wagen und Lasttiere wurden entweder angekauft oder gemietet. Außerdem wurden Flüsse wie die Donau, der Euphrat und die Tigris oder aber der Transportweg über das Schwarze Meer und die Ägäis benutzt. Für die Geschütze, die wichtigsten Waffen des Heeres, wurden Geschützwagen verwendet. Im Osmanischen Reich wurde zu diesem Zweck ein Corps der Geschützwagenmänner eingerichtet.

Die Soldaten versammeln sich

Die Soldaten des osmanischen Heeres kamen aus verschiedenen Gebieten des Reichs. In der Hauptstadt blieben nur die Janitscharen und die anderen Soldaten des Kapikulu-Corps, des Corps der „Diener der Pforte". Die Lehenreiterei, die sog. „Sipahi", die einen Großteil des osmanischen Heeres ausmachten, lebten auf ihren Lehensgütern, die ihnen für ihre Dienste zugewiesen wurden. Wenn der Krieg beschlossen war, erhielt die Lehenreiterei den Befehl, für den bevorstehenden Feldzug die nötigen Vorbereitungen zu treffen und wurde aufgefordert sich vor Beginn des Feldzugs beim Heer einzufinden. Die Janitscharen und die anderen Soldaten des Kapikulu-Corps in den Provinzen wurden durch Militäragenten zum Heer gebracht. Die Soldaten mussten in voller Ausrüstung beim Heer ankommen. Während der Regierungszeit Sultan Selims I., der den Beinamen „der Gestrenge" trug, wurde in einem Erlass, dem „Ferman" an die Lehenreiter sich beim Heer einzufinden, darauf hingewiesen, dass „wer ohne Helm kommt, dem wird der Kopf, wer ohne Armschutz kommt, dem wird der Arm abgehauen."

Das osmanische Heer bestand aus zwei Hauptabteilungen: Den Streitkräften, die aus den Janitscharen, den Sipahis, die sich aus der regulären und der Lehenreiterei zusammensetzte, den Artilleristen, dann den Waffenschmieden, den sog. Cebecis, die für die Pflege und Instandsetzung der Waffen zuständig waren, und den Stallknechten, die für die Kampf- und Lastpferde verantwortlich waren. Der Tross bzw. die Hilfstruppen bestanden aus den Schriftführern und Bürokraten, die die offiziellen Korrespondenzen und verschiedene Eintragungen der Soldaten führten, den Wasserträgern, den Fackelträgern, Brücken- und Wegbereitern, Architekten, Chirurgen und Ärzten, Zeltträgern und den für die Heerbanner zuständigen Beamten. Die militärische Musikkapelle, die „Mehter", die in Hinsicht auf die Stimmung des Heeres einen wichtigen Platz einnahm, war ebenso ein integrierter Bestandteil des osmanischen Heers.

Beim Heer befanden sich außerdem Künstler und Handwerker aus verschiedenen Städten des Osmanischen Reichs und vor allem aus Istanbul. Diese wurden "Heerhandwerker" genannt. Sie bestanden aus verschiedenen Zweigen des Kunsthandwerks: Bäcker, Gerstenverkäufer, Köche, Krämer, Schneider, Ausrufer, Sattler, Schuhmacher, Schmiede, Barbiere, Hirsensaftverkäufer, Goldschmiede, Altwarenhändler, Bogenmacher, Schwertmacher, Stoffhändler, Kräuterhändler, Seidenhändler.

Kein Krieg ohne Geld

Von dem österreichischen Feldmarschall Montecucolli bis hin zu Napoleon fassen sämtliche Feldherren die drei Dinge, die zur Kriegsführung erforderlich sind, in drei Worten zusammen: Geld, Geld und wieder Geld. Die Finanzierung einer militärischen Operation war ziemlich teuer. Das zum Feldzug ausziehende Heer wurde vom Generalstab mit einem bestimmten Betrag für die Auslagen ausgestattet. Die eigentliche Finanzierungsquelle des Heers bestand jedoch aus den Steuern der Plätze auf dem Weg des Feldzugs. Außerdem wurde zur Auslastung der Schatzkammer eine außerordentliche Kriegsteuer auferlegt, die 'Avariz-i Divaniyye' genannt wurde. In Notfällen nahm man außerdem Kredite bei hochgestellten Persönlichkeiten und Händlern auf. Die Auslagen bestanden zum Großteil aus dem Sold der Soldaten. Europäischen Forschern zufolge konnte das Osmanische

Reich in der Finanzierung seiner Heere eine Überlegenheit gegen die Europäer behaupten.

Der Feldzug beginnt mit dem Besuch des Heiligengrabs von Eyüp Sultan

Nach der Eroberung von Istanbul besuchten die Sultane vor Beginn eines Feldzugs erst das Heiligengrab von Eyüp Sultan und dann die Gräber ihrer Vorfahren. Während dieser Besuche wurden unter den Armen Almosen verteilt. Wenn der Sultan nicht selbst am Feldzug teilnahm, besuchte der Oberfeldherr das Heiligengrab Eyüp Sultans. Daraufhin verließen der Sultan und die hochgestellten Persönlichkeiten des Staates Istanbul unter großen Feierlichkeiten. Die Peyks, Solaks und Müteferrika, aus denen die persönliche Leibgarde des Sultans bestand, kleideten sich während dieser Zeremonie in prachtvollen Kleidern. Der feierliche Auszug der osmanischen Heere war ein Schauspiel für die Bevölkerung Istanbuls und ging prächtig vonstatten. Der Festzug der verschiedenen Abteilungen in farbenprächtigen Kleidungen mit Bannern und Waffen bezauberte alle Zuschauer.

Je nach der Richtung des Feldzugs wurde auf der asiatischen Seite in Üsküdar oder Gebze bzw. auf der europäischen Seite in der Umgebung von Davutpascha das Zelt des Sultans aufgestellt, um das herum sich die Heere versammelten.

Im 16. Jahrhundert betrug der tägliche Marsch des Heeres nach Abzug der Rasten und logistischen Bedürfnisse 15 Kilometer. Ein Feldzug wurde nur zu bestimmten Zeiten aufgenommen. Eine militärische Operation musste im Frühjahr beginnen und Anfang Herbst zu Ende sein. Das bedeutete einen Zeitraum von etwa sechs Monaten. Um die Sicherheit, den Unterhalt und die Verpflegung des in Feindesland ausziehenden Heeres ohne Schwierigkeiten gewährleisten zu können, mussten die Heere innerhalb der Jahreszeit des Feldzugs wieder in die Hauptstadt zurückkehren.

Denn wenn das Heer sich in Feindesland befände, nachdem die Jahreszeit des Feldzugs vorbei war, würde es mit Beginn der Regenszeit in eine miserable Lage geraten.

Die osmanischen Heere bewegten sich in strenger Ordnung und Stille. Während des ganzen Feldzugs wurde die Marschordnung streng eingehalten. Mit Einbuch der Nacht wurden die Zelte aufgeschlagen und nach Deckung der Bedürfnisse legte man sich schlafen. Bei der Wahl der Raststätten wurden wasser- und grasreiche Plätze bevorzugt. Wenn kein Wasserlauf in der Nähe war, wurden Brunnen angelegt, um den Wasserbedarf zu decken. Die zu treffenden Maßnahmen wurden jedes Mal der Beschaffenheit des Terrains angepasst. Das Zeltlager mit Zehntausenden von Zelten glich einer großen Stadt. Die Zelte wurden in einer bestimmten Ordnung aufgestellt, die nach bestimmten Regeln geordnet war. Die Soldaten fanden in diesen Zelten Schutz gegen den Regen und die Kälte. Ein weiterer wichtiger Aspekt, war das Bedürfnis von Zehntausend von Soldaten an Toiletten. Jede Unterlassung diesen Bedarf zu dekken, konnte zu verschiedenen Krankheiten innerhalb des Heeres führen. Ein weiteres Bedürfnis waren Waschgelegenheiten. Um diese zwei Bedürfnisse zu decken, gab es Toiletten- und Badezelte. Außerdem wurden Gebetszelte zur Verrichtung der Gebete, Küchenzelte für die Zubereitung des Essens, Krankenzelte für die Kranken und Verwundeten sowie Buchhaltungszelte für die Staatsarchive aufgestellt. In den Gebetszelten wurden sowohl die Gebete verrichtet als auch Predigten durch die Geistlichen gehalten. Mit diesen Predigten wurden die Soldaten begeistert, indem ihnen der Segen des Kampfes und das Märtyrertum erzählt wurden. Die Zelte des Sultans und der hochgestellten Persönlichkeiten waren so groß und prächtig wie ein Schloss.

Am frühen Morgen wurde alles für den Abmarsch vorbereitet. Nach den Vorbereitungen im Licht der Fackeln wurde mit Sonnenaufgang der Marsch wieder aufgenommen.

Die osmanischen Verwalter in der Nähe des Feldzugs sammelten durch ihre Geheimagenten Informationen über den Feind. Sobald man sich Feindesland näherte, wurde Kriegsrat gehalten und die weiteren Schritte vereinbart. Man setzte fest, wie man welchen Weg benutzen konnte und was für eine Belagerungsstrategie bei einer ins Auge gefassten Burg verfolgt werden sollte. Wenn dem Feind eine Schlacht geboten werden sollte, wurde die Schlachtordnung vereinbart. Während diesen Kriegsräten wurde infolge ihrer Erfahrungen mit dem Gebiet vor allem auf die Ideen der Statthalter der Grenzgebiete Wert gelegt.

In Feindesland wurden erst die Freischärler, die sogenannten Akincis, oder die Tataren der Krim gesandt. Die Freischärler teilten sich in Feindesland in kleine Gruppen, die weit und breit alles brandschatzten und verheerten. Eine Freischärlertruppe von 10.000 Personen, aufgeteilt in 2.000 Einsatztruppen zu je 5 Personen fiel in Feindesland ein, verheerte weit und breit alles und flösste überall Furcht ein. Da sie in kleinen Gruppen umherstreiften, waren sie nur sehr schwer zu ergreifen und zu bezwingen. Nach der Verheerung durch die Freischärler wurden die erforderlichen Sicherheitsmaßnahmen getroffen und der Feind erwartet. Wenn die zwei Heere in einer Einöde aufeinander trafen, wurde eine alles entscheidende Schlacht gefochten.

DIE TÜRKEN VOR WIEN

Das erste Ziel des Fürstentums der Osmanen in den Anfangsjahren waren die zwei Städte Nikomedien und Bursa. Später wandten sich die Blicke nach Istanbul. Nach der Eroberung Istanbuls wurde Belgrad zum neuen Zeil der Osmanen. Mit der Eroberung von Belgrad im Jahre 1522 wurden Rom und Wien der „rote Apfel", d.h. das Ziel der Eroberungen. Der erhabenste Herrscher der Osmanen, Sultan Süleyman, der Prächtige, belagerte Wien im Jahre 1529. Da jedoch die schweren Geschütze nicht mitgebracht worden waren und die Winterzeit bevorstand, wurde die Belagerung etwa einen Monat später aufgehoben. Auch wenn die Türken mit ihren Gedanken immer in Wien waren, konnten die Feldzüge der Osmanen nach Österreich niemals bis dahin ausgeweitet werden, weil man infolge des Verteidigungssystems der Habsburger jedes Mal mit den Burgen auf dem Weg dorthin zu kämpfen hatte.

Wir können die österreichisch-osmanischen Beziehungen in zwei Epochen behandeln:

1-1493-1664: Offensive der Osmanen, Defensive der Österreicher.

2-1683-1791: Offensive der Österreicher, Defensive der Osmanen.

Die osmanischen Streitkräfte fielen erstmals zwischen den Jahren 1463 - 1479 während des venezianischen Kriegs in Österreich ein. Der eigentliche Kampf begann aber mit dem harten Schlag, den die Kroaten im Jahre 1493 von den Osmanen erlitten. Die österreichischen Streitkräfte, die den Kroaten zu Hilfe eilten, fielen in osmanisches Gebiet ein, wo die ersten Zusammenstöße stattfanden. Nach der Schlacht auf dem Amselfeld bei Mohacs (1526) begann der eigentliche Streit zwischen den Osmanen und Habsburg um die Herrschaft in Ungarn.

In den ersten Jahren der Beziehungen dieser zwei Mächte wagte Österreich es infolge der Überlegenheit der Osmanen in Schlachten nicht, den osmanischen Heeren entgegenzutreten, sondern zog es vor, sich durch die Anlage von kleinen, mittelgroßen und großen Burgen und Festungen zu verteidigen. Diese Festungen begannen in Dalmatien und erstreckten sich über Kroatien, Westungarn und den Felsenstädten im Norden der Donau bis nach Transsylvanien und bildeten eine Art militärische Grenze, ein Hindernis für die Osmanen. Im Jahre 1532 verhinderte die Festung Güns, im Jahre 1566 Sigetwar, im Jahre 1594 Raab und im Jahre 1663 Neuhäusel den Marsch der Osmanen nach Wien. Vor allem in den Jahren 1594 und 1663, als die Mauern von Wien ziemlich schwach waren, verpassten die Osmanen eine wichtige Gelegenheit, indem sie sich mit diesen Festungen aufhielten.

Im Jahre 1670 erhoben sich die Protestanten in Österreich-Ungarn. Die Ungarn unter Emmerich Tököly, die wohl verstanden, dass sie alleine nichts gegen Habsburg ausrichten konnten, wandten sich um Hilfe an die Osmanen. Zur Zeit des Großwesirs Köprülü Fazil Ahmed Pascha hatte sich das Osmanische Reich aber nicht um sie gekümmert. Als jedoch der Großwesir Kara Mustafa Pascha aus Merzifon an seine Stelle trat und seine Politik in diesem Sinne änderte, eilte man Emmerich Tököly zu Hilfe. Der Pascha von Ofen eroberte einen Teil von Mittelungarn, das unter der Herrschaft von Österreich stand und überließ ihn Tököly. Das Osmanische Reich erkannte Tököly als König von Mittelungarn an. Österreich war dem Frieden geneigt und wollte den Vertrag von Vasvar aus dem Jahre 1664, der für 20 Jahre geschlossen wurde, verlängern. Der Großwesir Kara Mustafa Pascha jedoch legte dem Sultan Beschwerdebriefe der Soldaten an den Grenzen über Angriffe Österreichs vor und überredete ihn zu einem Feldzug nach Österreich.

Wien, Wien, Wien....

Als der Großwesir den Sultan zum Feldzug gegen Österreich überredet hatte, wurden als Ziel dieses Feldzugs die Festungen Raab und Komorn bestimmt. Auf dem Weg dorthin wiegelte jedoch der Reisülküttap, der damalige Außenminister Mustafa Efendi den Großwesir auf und somit begann das Abenteuer um die Belagerung Wiens. Kara Mustafa Pascha ließ sich von dem Gedanken an den Ruhm betören, den ein Feldherr mit der Eroberung Wiens gewinnen würde, das nicht einmal ein Herrscher wie Sultan Süleyman, der Prächtige hatte erobern können. Außerdem würde dieser Sieg dem Großwesir mehr Erfolge einbringen als sein Schwager, der frühere Großwesir Fazil Ahmed Pascha erreicht hatte. Kara Mustafa Pascha, dessen eigene Absichten diesen Vorstellungen des Außenministers entsprachen, kehrte das Ziel des Feldzugs nach Wien. Der übermäßige Ehrgeiz des Kara Mustafa Pascha war einer der wichtigsten Gründe für die Belagerung Wiens.

Bis Stuhlweißenburg teilte der Großwesir seine Absichten niemandem mit. Als er in dem hier abgehaltenen Kriegsrat seine neue Absicht zur Sprache brachte, waren die hier anwesenden hochgestellten Persönlichkeiten fassungslos. Denn solange Gran und Raab nicht eingenommen wurden und Ungarn nicht von den Österreichern gereinigt war, stellte eine Belagerung Wiens eine Gefahr dar. Außerdem würde eine solche Tat Europa gegen die Türken aufhetzen. Obwohl die hochgestellten Persönlichkeiten und die Agas der Corps der verschiedenen Abteilungen infolge dieser Einwendungen dagegen waren, gingen sie letztendlich doch auf seine Absichten ein. Während des Kriegsrats hatte nur der Khan der Tataren der Krim einem Feldzug nach Wien widersprochen.

Als der Pascha von Ofen, der während des Kriegsrats nicht anwesend war, später um seine Meinung gefragt wurde, stellte auch er sich gegen eine unvorhergesehene Belagerung Wiens. Der Khan der Tataren und der Pascha von Ofen schlugen zwar vor, erst die Festungen Raab und Komorn zu erobern, den Winter an der Grenze zu verbringen und nächstes Jahr Wien zu belagern, konnten aber beim Großwesir mit diesem Vorschlag nicht durchdringen. Kara Mustafa Pascha war der Überzeugung, dass solange Wien nicht erobert wurde, eine Eroberung ganz Österreichs keinen Nutzen bringen könnte. Falls Wien jedoch einmal in der Gewalt der Osmanen war, würden alle Ungarn und Österreicher sich den Osmanen unterwerfen.

Erst nachdem Raab passiert war, teilte der Großwesir dem Sultan in einem Brief mit, dass sie im Anmarsch auf Wien seien. Sultan Mehmed IV. war bestürzt über die Kühnheit des Großwesirs, dass dieser ohne ihn zu fragen, zur Belagerung von Wien geschritten war: "Unser Ziel waren die Festungen Raab und Komorn. Über Wien wurde nicht gesprochen. Der Pascha hat sich merkwürdigerweise respektlos verhalten und sich betören lassen. Soll Allah mit ihm sein. Hätte er mir das früher mitgeteilt, ich hätte es ihm nicht erlaubt."

Die Ohnmacht des Botschafters

Österreich wollte keinen Krieg mit den Osmanen. Deshalb wurde Graf Albert von Caprara als Botschafter nach Istanbul gesandt, um den Vertrag von Vasvar zu erneuern, der zu dieser Zeit noch nicht abgelaufen war. Der Botschafter setzte alles dran, die Verlängerung des Vertrags durchzusetzen. Durch seine Vorstellungen beim Großmufti, dem er die Frage gestellt hatte: *„Ist es den Regeln des Islam nach erlaubt, sein Schwert gegen den zu ziehen, der ein Tuch um seinen Hals geschlungen hat und um Gnade bittet? Ist ein Feldzug gegen diesen rechtsmäßig?"* hatte er von diesem sogar ein Fetwa, also einen religiösen Erlass erhalten, in dem der Feldzug als unrechtmäßig erklärt wurde. Doch Kara Mustafa Pascha ignorierte dieses Fetwa und sah von seiner Absicht eines Feldzugs nach Österreich nicht ab.

Als Österreich erkannte, dass kein Frieden zustande gebracht werden konnte, wandte es sich um Hilfe an die europäischen Staaten und den Papst. Polen ging vor allem auf die Verwendung des Papstes auf ein Bündnis ein. Außerdem kamen eine Menge Geld und Menschen aus verschiedenen Gegenden in Europa nach Wien.

Österreich war der Meinung, das osmanische Heer werde Ungarn angreifen. Niemand dachte an die Möglichkeit einer Belagerung Wiens. Deshalb brachte der Anmarsch der Osmanen auf Wien in ganz Österreich eine große Aufregung hervor. Kaiser Leopold ließ 10 Tage vor Ankunft der Osmanen eine 20 – 25000 starke Besatzung zurück und zog sich in das 60 Stunden entfernte Linz zurück.

Wien war schon am ersten Tag der Belagerung (14. Juli) in Gefahr eingenommen zu werden. Die Österreicher hatten die Vorstädte in Brand gesetzt, damit die Türken sie nicht zur Anlage von Verschanzungen verwenden konnten. Doch hatte ein Funke eins der Gebäude in der Nähe des Schottentors in Brand gesetzt und ein großes Feuer verursacht. Das sich schnell verbreitende Feuer breitete sich in der Richtung des Pulvermagazins aus, in dem 1800 Tonnen Pulver gelagert waren. Eine Explosion konnte einen großen Teil der Stadt, zusammen mit den Stadtmauern in der Umgebung, in die Luft sprengen. Die Bevölkerung verfiel in Panik. Das Gerücht, ein türkischer Geheimagent hätte die Stadt in Brand gesteckt, führte dazu, dass jeder der in ungarischer Kleidung in den Strassen Wiens angetroffen wurde, niedergestoßen wurde. Einem jungen Mann, der in Frauenkleidung umherlief, um sich vor dem Militärdienst zu drücken, fiel seine Perücke vom Kopf. Das Volk, das dachte, er wäre der Verräter, riss diesen jungen Mann in Stücke. Während die Panik fortführte, konnte dank den Maßnahmen Guido von

Starhembergs, des 26-jährigen Neffen des Befehlshabers der Festung, das Feuer 40 Schritte vor dem Pulvermagazin gelöscht werden.

Die Verteidiger von Wien zählten nur ein Viertel der Osmanen. Doch ihre Artillerie war den Osmanen überlegen. So konnte sich die Stadt lange Zeit verteidigen. Je länger die Belagerung dauerte, umso knapper wurde der Mundvorrat und die Ruhr verbreitete sich in der Stadt. Die Kochutensilien der Bevölkerung wurden gesammelt, um eingeschmolzen und zu Kugeln verarbeitet zu werden. Von Starhemberg, der fast 60-jährige Befehlshaber der Festung, war verwundet und hatte sich außerdem die Ruhr zugezogen. Trotzdem gab er sogar in diesem Zustand der Bevölkerung Kraft und feuerte die Soldaten an.

Letzte Runde

Die Lage in Wien wer sehr ungünstig. Die von den Osmanen an fünf Stellen angelegten Minen näherten sich schon den Stadtmauern. Bei einer Explosion derselben würde die Festung fallen. Das hoffnungslose Warten verwandelte sich mit dem Erscheinen der Entsatztruppen vor den Toren Wiens am 11. September in große Freude. Die Glocken der Kirchen wurden geläutet und überall herrschte Jubel. Wien war gerettet.

Die christlichen Truppen unter dem polnischen König Johann Sobieski eroberten die Hügel im Nordwesten Wiens ohne Kampf. Die osmanischen Streitkräfte bereiteten sich auf eine Schlacht mit dem Entsatzheer vor. Doch konnten nicht alle Streitkräfte aus den Schanzen hervorgeholt werden und das Feuer aus den Schanzen der Artillerie auf die Stadt führte fort. Am 12. September 1683 trafen die beiden Heere am Kahlenberg aufeinander. Der Befehlshaber des linken Flügels, Hüseyin Pascha mit dem Beinamen „Sari", was soviel wie „der Blonde" bedeutet, brachte den polnischen Entsatztruppen eine empfindliche Niederlage bei und ging zum Angriff über. Die österreichische Reiterei eilte den polnischen Truppen zu Hilfe und griff die Truppen Hüseyin Paschas von der Flanke an. Weil der Khan der Tataren der Krim dem Pascha auf dieser Seite nicht zu Hilfe kam, verschob Kara Mustafa Pascha die Streitkräfte aus der Mitte und dem rechten Flügel nach links. Dies wiederum führte zur Schwächung des rechten Flügels. Sobieski, der dieses Manöver beobachtet hatte, schrie voller Freude, dass ein Befehlshaber, der ein derartiges Manöver ausführe, die Schlacht verlieren müsse.

Gleichzeitig machten die österreichischen Truppen in Wien häufig Ausfälle und schlossen somit die türkischen Truppen zwischen zwei Feuern ein. Genau in diesem Moment zog sich der Khan der Tataren mit seinen Streitkräften zurück. Erst fiel der rechte Flügel der Osmanen. Trotz des heldenhaften Widerstands Hüseyin Paschas behauptete der Feind dann auch die Übermacht über den linken Flügel. Jetzt erst wurden die Soldaten aus den Schanzen hinzugezogen, aber die Niederlage konnte nicht mehr abgewendet werden. Als der Feind das Zentrum des osmanischen Heers erreichte, gab Kara Mustafa Pascha den türkischen Truppen, die seit zwei Monaten Wien belagerten, den Befehl sich nach Ofen zurückzuziehen. Er selbst wollte kämpfen und einen Märtyrertod sterben, aber auf das Drängen von Osman Aga, dem Haupts der Sipahis, der türkischen Reiterei, verließ auch er das Schlachtfeld, nachdem er die Heilige Fahne an sich genommen hatte.

Strategische Fehler

Die folgenden Versäumnisse führten dazu, das der Großwesir Kara Mustafa Pascha Wien nicht erobern konnte:

a. Obwohl die Möglichkeit einer gewaltsamen Einnahme der Stadt bestand, zog er die Belagerung in die Länge, damit Wien nicht geplündert und zerstört wurde.

b. Als Johann Sobieski mit den Entsatztruppen Wien zu Hilfe kam, versäumte er, seine Soldaten aus ihren Schanzen hervorzurufen und widersetzte sich dem Feind nur mit einer geringen Streitmacht, um die Belagerung nicht aufheben zu müssen.
c. Er griff Wien fortwährend von ihrer stärksten Seite an anstatt sich von der schwächsten Seite her zu versuchen und beharrte auf diesem Fehler bis zum Schluss.
d. Er unterschätzte das Heer, das zum Entsatz Wiens herbeigeeilt war.
e. Die schweren Geschütze wurden zur Belagerung nicht mitgenommen.

Kaffeegenuss

Während die Osmanen sich in Panik auflösten, ließen sie ihre ganzen Sachen vor den Toren Wiens liegen. Die Beute, die in die Hände des Feindes fiel, bestand aus 600 goldgefüllten Beuteln. Außerdem wurden zahlreiche Edelsteine, wertvolle Waffen, Kästen aus reinem Gold, Uhren und Teppiche erbeutet. 15.000 Zelte, 10.000 Ochsen, 5.000 Kamele, 10.000 Schafe und fast sämtliche Geschütze der Osmanen fielen in Feindeshand. Auch des Prachtzelt des Großwesirs blieb vor Wien stehen. Heute werden in den Museen von Städten wie Wien, Krakow, Karlsruhe Zelte, Waffen und Banner der Osmanen aus der Türkenbeute vor Wien ausgestellt. Die osmanischen Geschütze hingegen wurden eingeschmolzen und beim Guss der großen Glocke der Sankt Stefanskirche verwendet. Diese Glocke fiel in späteren Zeiten, vielleicht auch infolge des Fluchs der Osmanen, auf die Kirche und zersplitterte. Während der Restaurierung der Kirche im Jahre 1952 wurden die Reste der Glocke wieder eingeschmolzen und eine neue Glocke gegossen.

Das osmanische Heer hatte außerdem Hunderte von Säcken mit Kaffee zurückgelassen. Der Pole Kolschitzky, der sich als Geheimagent im türkischen Hoflager befand, verschiedene Gerüchte in Umlauf brachte und den Kontakt der Streitkräfte außerhalb der Stadt mit Wien herstellte, erhielt diese Kaffeesäcke als Belohnung für seine Dienste. Mit diesem Kaffee gründete er die „Blaue Flasche", das erste Kaffeehaus Wiens. Somit verbreitete sich der Kaffee in Europa infolge des Kaffees, der vom osmanischen Heer zurückgelassen wurde.

Das Ende des Großwesirs

Mit der Hoffnung, dass er das Heer vielleicht wieder sammeln und die Angriffe des Feindes zurückschlagen könnte, wurde Kara Mustafa Pascha trotz seiner Schuld an der Niederlage vor Wien in seinem Amt belassen und nicht bestraft. Auf Betreiben seiner Gegner in Istanbul sprach Sultan Mehmed IV. letztendlich doch noch das Todesurteil des Paschas aus. Am 25. Dezember 1683 vollstreckten zwei aus Istanbul gesandte Beamte das Todesurteil und erdrosselten den großartigen Befehlshaber der zweiten Belagerung von Wien.

Warum die Deckung der Osmanen fiel

Infolge der Verträge von Karlowitz und Istanbul nach einem 16-jährigen Krieg wurden ca. 350.000 Quadratkilometer Land an Österreich, Venedig, Russland und Polen abgegeben. Mit diesem Territoriumsverlust wurde das Ansehen des Osmanischen Reichs verletzt, sein Stolz gebrochen und die Einkommen aus diesen Gebieten waren verloren. Zudem wurden die Vasallenländer (Siebenbürgen und Polen) von ihrer Verpflichtung Tribut zu zahlen und Soldaten zu stellen, befreit. Die ganze Politik der Osmanen stützte sich nach dem Vertrag von Karlowitz auf die Rächung dieser Niederlage und die Wiedereroberung der verlorenen Plätze.

Um die Ereignisse dieser Zeit besser verstehen zu können, muss man neben der Niederlage der osmanischen Streitkräfte vor Wien auch die weiteren Niederlagen in den darauffolgenden Kriegen in Betracht ziehen. Dass das Osmanische Reich gezwungen war gegen die vier größten Mächte Europas an verschiedenen Fronten zu kämpfen, war eine wichtiger Faktor dieser Niederlagen. Ein weiterer wichtiger Faktor ist, wie oben angeführt, die Tatsache, dass das osmanische Heer bei den Feldzügen gegen Österreich sich ständig mit der Belagerung von Festungen aufhielt und eine Veränderung in seiner militärischen Struktur auftrat, weil der Feind ihm nicht in offener Schlacht entgegentrat.

Das osmanische Heer, das sich in der Festungsbelagerung spezialisiert hatte, wurde in 12 von 15 Schlachten in den Jahren 1683-1699 gegen Österreich geschlagen, das während der Dreißigjährigen Kriege in militärischer Hinsicht große Fortschritte gemacht hatte. Die österreichischen Streitkräfte, in deren Struktur infolge der Entwicklungen in Europa, der sogenannten „militärischen Reform" ab Ende des 16. Jahrhunderts eine Veränderung aufgetreten war, hatten im Jahre 1596 die Schlacht von Keresztes nur infolge eines Disziplinverlustes verloren, obwohl sie imstande gewesen wären, die Schlacht zu gewinnen. In den Jahren 1593 bis 1606 konnte die osmanische Lehenreiterei sich gegen die im Rechteck aufgestellten Schützen, die die Gegenmarschtaktik verfolgten, nicht halten. Infolgedessen wurde im osmanischen Heer, im Gegensatz zur Kavallerie, die Anzahl der bewaffneten Infanterie erhöht.

Mitte des 17. Jahrhunderts brachte Marschall Montecuccoli mehr Ordnung ins österreichische Heer, indem der es vom Militärsystem der Söldner in ein reguläres Heer umwandelte. Infolgedessen brachte das österreichische Heer, das die neuen Entwicklung im Militärbereich umsetzte und in der offenen Schlacht erfahrene Befehlshaber besaß, in der Schlacht bei Sengotar im Jahre 1664 der überlegenen

Streitmacht der Osmanen eine empfindliche Niederlage bei. Dieser Krieg war eigentlich der Vorbote der darauffolgenden Ereignisse, wurde aber nicht genügend beachtet.

Die Revanche

Das Osmanische Reich kämpfte nach der Niederlage der zweiten Belagerung von Wien, 16 Jahre gegen den Heiligen Bund von Österreich, Polen, Venedig und Russland, wurde aber im Jahre 1699 gezwungen, den Vertrag von Karlowitz zu unterschrieben, der einen bis dahin noch nie erlebten Verlust an Land in sich barg, weil das Osmanische Reich nicht imstande gewesen war, die Niederlage abzuwenden. Die allgemeine Meinung neigt zu der Annahme, dass das Osmanische Reich nach diesem Vertrag in eine Periode des Rückgangs gefallen sei und ständig Niederlagen erlitten habe. Dabei rafften sich die Osmanen nach dem Vertrag von Karlowitz wieder auf und rächten sich für die erlittenen Niederlagen. Im Jahre 1739 hatte das Osmanische Reich bis auf einige Territorien in Ungarn, die an Österreich abgegeben worden waren und das von Polen übernommene Podolien, alle verlorenen Landstücke wieder zurückerobert.

Die Tatsache, dass die Osmanen nach der Niederlage vor den Toren von Wien noch 16 Jahre lang gegen die vier Großmächte Europas Zahn um Zahn kämpften, zeigt deutlich, dass die Kraft des Osmanischen Reichs damals ganz und gar nicht am Ende war. Dass nach dem Jahre 1697 eine der wichtigsten Persönlichkeiten der Kriegsgeschichte, Prinz Eugen von Savoyen, den Osmanen entgegentrat, war ebenso ein Element, durch das das ganze Gleichgewicht gestört wurde. Das Osmanische Reich besaß zu dieser Zeit keinen gleichwertigen Feldherren, den er ihm entgegenstellen könnte. Was für eine wichtige Rolle Prinz Eugen in diesen Kriegen gespielt hatte, wurde in den Jahren nach seinem Tod noch deutlicher. Im Krieg in den Jahren 1736-1739 zwischen Österreich, Russland und dem Osmanischen Reich nach dem Tode

Eugens blieb der Sieg auf der Seite der Osmanen. Ein weiterer Grund für den Sieg der Osmanen gegen Österreich war ihre damalige Umstrukturierung im militärischen Bereich.

Die Niedergangszeit des Osmanischen Reichs beginnt eigentlich erst nach den osmanisch-russischen Kriegen in den Jahren 1768-1774. Die Osmanen erlitten zum ersten Mal in ihrer Geschichte eine schwere Niederlage gegen ein einziges Land und konnten sich fortan nicht mehr aufrichten. Einer der wichtigsten Gründe hierfür war die Tatsache, dass nach dem Erfolg im Jahre 1739 von den Neuerungen im Militär abgesehen wurde, weil man dachte, die Gefahr sei vorüber. Man verfiel in eine Art Lethargie. Infolge der Entwicklungen, die die Industrierevolution Ende des 18. Jahrhunderts mit sich brachte, wurde der Abstand zu den europäischen Ländern immer größer und die Ereignisse entwickelten sich zum Nachteil des Osmanischen Reichs.

KRIEGSMASCHINEN: DIE JANITSCHAREN

Die ersten Streitkräfte in den frühen Zeiten des osmanischen Fürstentums (die Infanterie, benannt als „Yaya", die Fußgänger, und die Kavallerie, benannt als „Müsellem", als die Lehenreiterei, und die „Gazi", die Veteranen) reichten nach der Eroberung von Edirne nicht mehr aus, den militärischen Bedarf zu decken. Zudem begann das osmanische Fürstentum sich zu dieser Zeit zu zentralisieren. Diese Bedürfnisse konnten nur mit einer regulären Streitkraft im Zentrum gedeckt werden. Infolgedessen gründeten die Osmanen das Renegatensystem, indem sie das auf die gleichen Grundlagen gestützte „Gulamsystem" der vorhergehenden türkischen Reiche weiterentwickelten.

Zur Zeit Sultan Murads I. (1362-1389) brachten der Großwesir Tschandarli Kara Halil und Kara Rüstem die Idee der Gründung eines zentralen Heeres aus christlichen Sklaven vor. Auf diesen Vorschlag hin erhielten die Lehenbesitzer, die auf dem Balkan auf Streifzüge gingen, Befehl, ein Fünftel der Gefangenen als Anteil des Staates abzusondern. Die Gefangenen, die dem Staat zugewiesen wurden, wurden ausgebildet und als Soldaten eingesetzt. Dies war die Grundlage des Systems der zentralen „Kapikulu", der „Diener der Pforte", zu denen auch die Janitscharen gehörten.

Die Renegaten

Die Bemühungen um eine Zentralisierung des Staates zur Zeit Bayezids I. (1389-1402), der den Beinamen „der Blitz" trug, stellte die Kapikulu in den Vordergrund. Infolge der

Ausdehnung der osmanischen Militäroperationen und dem Wunsch, das Zentrum des Reiches zu verstärken, reichten in späteren Zeiten des Osmanischen Reichs die Gefangenen, die als Janitscharen ausgebildet wurden, nicht mehr aus, den Bedarf des Janitscharencorps zu decken. Also wurden Christenknaben als Renegaten aufgenommen. Die Renegatenmethode wurde erstmals zur Zeit Sultan Mehmeds I. eingeführt, jedoch erst zu Zeiten Sultan Murads II. gesetzlich festgelegt.

Dieses System lief wie folgt ab: Der Bedarf des Corps der Kapikulu wurde erfasst und dem Divan, dem Ministerrat, mitgeteilt. Dem Beschluss entsprechend, der im kaiserlichen Rat gefasst wurde, wunden in bestimmten Gebieten Renegaten aus den Knaben von christlichen Familien zwischen dem achten und zwanzigsten Lebensjahr gesammelt, die den gesetzlichen Bestimmungen entsprachen. Dem Renegatengesetz zufolge wurden nur die christlichen Edelknaben, die Söhne von Geistlichen und von jeder Familie nur ein Kind und zwar das Gesündeste eingezogen. Familien, die nur einen Sohn besaßen, wurden verschont. Waisenkinder, Habgierige, Söhne von Schafshirten, von Geburt an Beschnittene, Glatzköpfe und „Bartlose“, d.h. solche, die ihrer Natur nach keine Behaarung aufzeigten, wurden nicht eingezogen. Verheiratete und solche, die ein Handwerk ausübten, wurden ebenso wenig eingezogen wie solche, die zu klein oder zu groß waren. Die Großgewachsenen mit einer guten Figur wurden an den Palast gewiesen. Als Renegaten wurden Albaner, Serben, Bulgaren, Kroaten, Griechen und Bosnier bevorzugt. Kinder von Türken, Persern, Russen, Juden, Kurden, Georgiern und Zigeunern wurden nicht eingezogen.

Das Renegatensystem wurde bis Ende des 16. Jahrhunderts regelmäßig fortgeführt, verlor aber ab dem 17. Jahrhundert seine frühere Bedeutung und wurde Mitte des 18. Jahrhunderts vollends abgeschafft.

Soldaten, die das Soldatentum vergaßen

Kurze Zeit nach ihrer Gründung machten sich die Janitscharen auch in der Innenpolitik des Osmanischen Reichs bemerkbar. Mit der Zeit ließen sie nicht nur mit ihren Erfolgen von sich reden, sondern viel mehr mit ihren häufigen Aufständen.

Nach dem Aufstand des osmanischen Prinzen Bayezid zur Zeit Sultan Süleymans, des Prächtigen, wurden in Anatolien und in späteren Jahren in anderen wichtigen Städten des Reichs Janitscharengarnisonen gegründet. Diese Besatzungstruppen bemächtigten sich mit der Zeit der Verwaltung der betreffenden Gegenden und beeinträchtigen die zentrale Macht. Dadurch verlor Staat die Verwaltung und die Kontrolle über diese Gegenden.

Als sich Ende des 16. Jahrhunderts der Bedarf an bewaffneter Infanterie erhöhte, wurden, dem Renegatengesetz zuwider, Menschen aus verschiedenen Berufgruppen, die keine Renegaten waren, in das Corps der Janitscharen aufgenommen. Auch die Janitscharen, die bis dahin keine andere Arbeit als den Militärdienst verrichteten, unverheiratet waren und in den Kasernen lebten, hielten sich Ende des 16. Jahrhunderts nicht mehr an diese Regeln, weil ihre Zahl gestiegen und in ihrem Corps eine Unordnung aufgetreten war. Während das Corps der Janitscharen früher eine Organisation war, die aus rein professionellen Soldaten bestand, füllte sie sich nun mit Menschen, die ihr eigenes Handwerk betrieben und in die Kasernen nur kamen, um ihr Gehalt abzuholen.

Im Lauf des 18. Jahrhunderts war das Corps vollständig entartet und die Dienstbriefe der Janitscharen waren zu einem Stück Papier geworden, mit dem gehandelt wurde. Häufig wurden Janitscharen gesehen, die auf diesem Wege das Gehalt von 10-15 anderen Janitscharen einsammelte. Die Janitscharen, die sich in Istanbul wie Löwen gegen den Staat stellten, gingen nicht mehr in die Schlachten oder wenn sie schon mal mitgingen, dann flohen sie vom Schlachtfeld. Da sie sich nicht mehr übten und die neuen militärischen Entwicklungen ablehnten, konnten sie sich den europäischen Soldaten gegenüber nicht mehr halten und wurden untauglich.

Aufruhr, immer nur Aufruhr

Dass die Janitscharen sich immer mehr ihrem eigentlichen Gründungszweck entfremdeten, führte zu Versuchen Reformen einzuführen und letztendlich dazu, dass sogar ihre Existenz in Frage gestellt wurde. Forscher behaupten, dass Sultan Osman II. (1618-1622) der erste Sultan war, der vorhatte, das Corps der Janitscharen aufzulösen und sie so aus der Geschichte zu verbannen. Jedoch ist nicht ganz klar, ob er das Corps der Janitscharen vollständig aufheben und ein neues Heer aufstellen oder aber die Janitscharen einer neuen Ordnung unterstellen wollte. Zudem hatte der junge Sultan damit keinen Erfolg und verlor sein Leben. Sultan Murad IV. (1622-1640) disziplinierte das Corps der Janitscharen gewaltsam durch eine eiserne Strenge, aber dieser Zustand währte nur kurze Zeit. Die Janitscharen, die nur schwer unter Ordnung und Gehorsam zu stellen waren, veränderten die soziale und politische Struktur zu ihren Gunsten.

Da innerhalb des Corps keine Ordnung herrschte, beteiligten sich die Janitscharen an ordnungswidrigen Taten wie Entführung von Frauen und Erpressung von Handwerkern und Händlern und störten die öffentliche Ruhe. Obwohl die Zahl der Janitscharen ständig stieg, waren die meisten nur solche, die ihren Sold bezogen ohne Militärdienst zu leisten. Wenn auch diese Personen mehrere Male aus dem Corps ausgestoßen wurden, konnte dieser Zustand nicht verhindert werden. Die Solde der Janitscharen und die Thronbesteigungsgeschenke waren zwei der Faktoren, die die Schatzkammer ständig in Not geraten ließen.

Die fortwährenden Niederlagen Mitte des 18. Jahrhunderts führte im Osmanischen Reich zur Suche nach neuen

Alternativen. Als zur Zeit Sultan Selims III. (1789-1807), Schritte eingeleitet wurden, um Soldaten im Stil der Europäer auszubilden ohne das Corps der Janitscharen aufzulösen, erhoben sie sich, weil sie sich in Gefahr dünkten und vereitelten diesen Versuch.

Auch Alemdar Mustafa Pascha, der Sultan Mahmud II. (1808-1839) auf den Thron gebracht hatte, wurde zum Ziel der Janitscharen und wurde bei einem nächtlichen Überfall getötet. Sultan Mahmud II. konnte nichts dagegen tun und wartete den Ausgang der Erhebung mit einer Geduld ab, die sich aus seiner Ohnmacht den Janitscharen gegenüber ergab. Als Sultan Mahmud II. ebenso wie sein Vorgänger Selim III. einen Versuch machte, um professionelle Soldaten ausbilden zu lassen, versprach er den Janitscharen Geld und Ränge, damit sie ihn nicht daran hindern sollten. Da sich die Janitscharen anfangs der Ausbildung von Soldaten im modernen Stil nicht widersetzten, wurden 7.650 Janitscharen in die Register eingetragen und die Ausbildung als professionelle Soldaten begann. Doch das Corps der Janitscharen gärte im Stillen weiter. Die hochgestellten Persönlichkeiten des Staates versuchten zwar die Ältesten des Corps zu überreden, aber die Antwort war immer dieselbe: *"Wir sind unwissende Männer. Was verstehen wir schon von Ausbildung. Ausbildung ist Sache der Ungläubigen. Wir zielen und schießen auf Krüge und schwingen unser Schwert auf den Filz."*

Mitunter wurde klar, dass ohne die Auflösung des Janitscharencorps weder im militärischen, noch in anderen Bereichen eine Neuerung eingeführt werden konnte. Also wurde gegen einen Aufstand der Janitscharen gerüstet. Um die Reiterei an den Meeresengen unversehens nach Istanbul bringen zu können, wurden geeignete Maßnahmen getroffen und die Studenten sowie das Volk wurden gegen die Janitscharen gewonnen. Außerdem wurde dafür gesorgt, dass die Corps der Artillerie, der Minenleger und des Arsenals, die bei der Entthronung Sultan Selims III. mitgewirkt hatten, sich auf die Seite des Sultans schlugen.

Bürgerkrieg

Nachdem die Janitscharen auch die letzten Mahnungen in den Wind schlugen und die Anstifter verlangten, die den Versuch eingeleitet hatten, moderne Soldaten auszubilden, brach ein gewaltiger Sturm los. Sultan Mahmud II. gürtete sein Schwert um, holte sich von den Rechtsgelehrten ein Fetwa über die Rechtmäßigkeit der Tötung der aufrührerischen Janitscharen ein und holte die Heilige Fahne hervor. Überall hin wurden Ausrufer gesandt, um die Menschen aufzufordern, sich auf dem Platz vor der Blauen Moschee, dem früheren Hippodrom, unter die Fahne des Propheten zu begeben. Die Waffen aus der Waffenkammer des Palastes wurden unter das Volk verteilt. Ahiskali Ahmed Efendi hielt auf dem Versammlungsplatz eine Rede, bei der alle in Tränen ausbrachen und ermutigte die Anhänger des Sultans.

Am 15. Juni 1826 setzten sich die Soldaten und das Volk in mehreren Abteilungen in Richtung der Kasernen der Janitscharen in Bewegung und schlossen diese auf dem Fleischplatz ein. Als diese den letzten Aufruf zur Übergabe missachteten, wurde das Feuer eröffnet, die Tore des Fleischplatzes gesprengt und nach einem fünfstündigen Kampf an die 10.000 Janitscharen niedergemacht. Die Überlebenden wurden nach einem kurzen Verhör hingerichtet. Der Boden unter dem Unheilsbaum, an dem früher die Janitscharen ihre Feinde hängen ließen, war voll mit den Leichen von Janitscharen.

Die Tore Istanbuls wurden geschlossen und überall nach entflohenen Janitscharen gefahndet. Mehr als 20.000 Janitscharen, die währenddessen gefangen wurden, mussten ins Exil und Hunderte von Kaffeehäusern, die als Versammlungsplatz dienten, wurden abgerissen. Es wurde alles Mögliche getan, damit von den Janitscharen keine Spur mehr zurückblieb. Fast alle Grabsteine der Janitscharen in Istanbul wurden beiseite geschafft und die Unterlagen und Register der Janitscharen verbrannt.

"Erfindung des Teufels"

Die Janitscharen leisteten dem Osmanischen Reich den größten Beitrag, indem sie die Macht der türkischen Aristokraten brachen und die Gründung der zentralen Verwaltung ermöglichten. In früheren türkischen Reichen verfielen die Führer der Stämme und einflussreiche Befehlshaber in Thronstreitigkeiten und führten zur Teilung und dem Niedergang des Reichs, weil eine derart umfangreiche Organisation nicht hatte aufgestellt werden können. Infolge des Versäumnisses, das Zentrum zu verstärken, konnten die türkischen Reiche vor der Zeit des Osmanischen Reichs ihre Nachhaltigkeit nicht wahren und gingen in kurzer Zeit unter.

Die Zahl der Janitscharen Ende des 16. Jahrhunderts betrug um die 15 Tausend. Obwohl sie die am besten ausgebildeten Streitkräfte des Reichs waren, spielten sie infolge ihrer niedrigen Anzahl in den Siegen der Osmanen eine eher untergeordnete Rolle. Entgegen den Behauptungen, wurden die großen Siege bis Ende des 16. Jahrhunderts nicht nur dank der Janitscharen gewonnen. Zudem bestand das ganze Corps der Kapikulu nicht nur aus den Janitscharen. Der Beitrag, den die anderen Abteilungen der Kapikulu (Kavallerie, Artillerie, Minenleger, Geschützwagenmänner, Kanalgräber, Waffenschmiede) dem Osmanischen Reich leisteten, dürfen dabei nicht ignoriert werden. Die größte Streitkraft des Reichs zu dieser Zeit waren eigentlich die Lehenreiter, deren Zahl etwa 80 Tausend betrug. Die Rolle der Lehenreiter an den Erfolgen des Osmanischen Reichs war unbestreitbar.

Das Renegatensystem wurde von vielen europäischen Geschichtsschreibern als *Erfindung des Teufels* verschrien, weil die fähigsten Menschen des Feindes eingezogen und wieder gegen den Feind eingesetzt wurden.

CHRISTEN UND JUDEN UNTER OSMANISCHER VERWALTUNG

Menschen, die die Botschaft des Koran annehmen, werden im Islam als Moslems, die anderen als Nichtmoslems bezeichnet. Ansonsten gibt es im Islam keine weitere Differenzierung, weder in Hinsicht auf die Rasse, noch auf die Hautfarbe, die Sprache oder das Land.

Im klassischen Islamrechtsdoktrin werden Nichtmoslems in drei Gruppen eingeteilt: Gläubige der Heiligen Schriften, d.h. Angehörige der Weltreligionen; Gläubige, bei denen ein Zweifel besteht, ob eine Heilige Schrift vorliegt und Angehörige anderer Religionen. Christen und Juden werden von moslemischen Rechtswissenschaftler als Angehörige der Weltreligionen eingestuft, für die eine Heilige Schrift vorliegt.

Schon mit Anfang des Islams wurden die internationalen Beziehungen der Moslems und der rechtliche Status der Nichtmoslems sowie derer, die mit den Moslems zusammenlebten, festgesetzt. Die Osmanen integrierten dieses Rechtssystem in ihr eigenes und formten es gegebenenfalls neu um. In diesem Teil werden wir uns damit beschäftigen, wie die Osmanen die Nichtmoslems unter ihrer Verwaltung behandelten.

Die ersten Beziehungen in frühen Zeiten

Das osmanische Fürstentum wurde in Gegenden gegründet, in denen eine Vielzahl Christen lebten und von da aus erweitert. Infolgedessen knüpften die Osmanen schon in frühesten Zeiten Beziehungen mit Nichtmoslems an. Der größte nichtmoslemische Glaubenskreis im Osmanischen

Reich waren die Orthodoxen. Die sonstigen nichtmoslemischen Kreise bestanden aus gregorianischen Armeniern, Juden und Katholiken.

In den ersten Zeiten des Osmanischen Reichs dienten im Heer zahlreiche Christen. Im 16. Jahrhundert wurde die Gruppe der nichtmoslemischen Soldaten im Heer, bis auf Truppen wie die Woinuks oder die Martolosen, die im Hintertreffen dienten, abgeschafft. Nichtmoslems konnten jedoch weiterhin im Staat als Ärzte, Architekten, Dolmetscher arbeiten.

Recht auf Leben und Ausübung des Glaubens

Nie haben die Osmanen eine Politik verfolgt, die auf einer Bekehrung der unter ihrer Verwaltung lebenden Nichtmoslems zum Islam beruhte. Diese Einstellung stützt sich auf die klassische Einstellung im Islam, dass niemand gewaltsam bekehrt werden darf. Infolgedessen gab es im Osmanischen Reich außer den Bosniern und Albanern keine weiteren großen moslemischen Gruppen.

Solange die Christen und Juden unter ihrer Verwaltung die den Nichtmoslems eigene Kopfsteuer zahlten, mischten sich niemand in ihren Glauben ein. Es wurde ihnen erlaubt, ihre eigenen geistlichen Führer zu wählen, ihre heiligen Stätten zu besuchen und ihre Gottesdienste abzuhalten. Nach der Eroberung einer Stadt wurde üblicherweise dessen größte Kirche in eine Moschee umgewandelt, aber die sonstigen religiösen Stätten wurden nicht angerührt. Nur der Bau neuer Kirchen wurde nicht erlaubt. Trotzdem war dies kein definitives Verbot, so dass auf dem Balkan zur Deckung des Bedarfs zahlreiche Kirchen errichtet wurden.

Die Nichtmoslems unter osmanischer Verwaltung zahlten im Gegensatz zu den Moslems eine Kopfsteuer, die "Cizye" genannt wurde.

Moslems, die Menschen anderen Glaubens erpressten oder ihren Glaubensstätten Schaden zufügten, wurden hart bestraft. In der zweiten Hälfte des 18. Jahrhunderts z.B. wurden zwei Nogay-Tataren durch den Khan der Tataren der Krim mit 100 Stockschlägen vor der Kirche bestraft, weil sie eine Abbildung von Jesus zerrissen hatten.

Einmalig in Europa

Während Menschen anderen Glaubens im Osmanischen Reich ihren Glauben unter festgesetzten Gesetzen ungestört und frei ausüben konnten ohne gewaltsam bekehrt zu werden, war in Europa genau das Gegenteil der Fall. In Spanien wurden nach dem Fall von Granada im Jahre 1492 die Moslems zwar eine Zeit lang in Ruhe gelassen, aber später die gewaltsame Bekehrung zum Christentum eingeleitet. Wer sich nicht zum Christentum bekannte, wurde entweder getötet oder von osmanischen Schiffe aufgenommen und von Spanien nach Afrika gebracht. Die Intoleranz Europas gegenüber Andersgläubigen war nicht nur gegen die Moslems, sondern auch gegen die Juden und die anderen christlichen Konfessionen gerichtet.

Das Osmanische Reich war in seinem Verhalten gegenüber Nichtmoslems seine Zeit weit voraus und stellte eine Haltung dar, die in der gleichen Epoche nirgendwo anders auf der Welt zu sehen war.

DIE MYSTISCHE WELT DES ORIENTS: DER HAREM

Das Wort „Harem" bedeutet soviel wie "das Geschützte, etwas Heiliges, ein heiliger Ort". Der Teil des Hauses, in dem die Frauen ihren Alltag verbringen konnten ohne mit Männern in Berührung zu kommen, wurde „Harem" genannt. In Zeiten vor dem Islam gab es auch in Ländern in Nahost und im Iran den Harem. Der Harem ist nicht nur im Islam zu sehen, sondern auch in anderen Religionen und Zivilisationen weltweit.

Der Harem in den Palästen der Herrscher im Islam bildete sich erstmals zu Zeiten des arabischen Staates der Emewiten (661-750). Zur Zeit des abbasidischen Staates (750-1258) entwickelte sich der Harem parallel zur Organisation des Palastes. Der Harem führte dann später zur Zeit türkischer Staaten wie der Seldschuken, den Harezmschachs oder dne Mameluken weiter und wurde bis ins Osmanische Reich übertragen.

Der erste Harem zur Zeit der Osmanen

Über die ersten Zeiten des Harems ist uns nicht sehr viel bekannt. Zur Zeit Sultan Orhans entwickelt sich parallel zur Organisation des Staates auch der Harem. Ab der Zeit Sultan Mehmed I. (1413-1421) spielte die Anwesenheit von Haremvorstehern eine wichtige Rolle in der Entwicklung des Harems. Zur Zeit Sultan Mehmeds II., „des Eroberers", wurde parallel zur Entwicklung des Staates und des Palastes auch der großherrliche Harem organisiert. Während der Regierung von Sultan Murad III. (1574-1595) erhöhte sich die Anzahl der Menschen im Harem, der daraufhin vergrößert wurde.

Das Haus des Sultans, die Schule der weiblichen Führerinnen

Der Bedarf an Sklavinnen für den osmanischen Palast wurde durch die weiblichen Gefangenen, die während der Einfälle der Tataren der Krim in die Ukraine, in Russland und Polen mitgenommen und an den Palaste geschickt wurden, dann den Ankauf von Sklavinnen durch die Verwalter vor allem in den nördlichen Regionen des Reichs, die dann als Geschenk in den Palast gebracht wurden oder aber durch die von türkischen Korsaren in Nordafrika genommenen und an den Palast geschickten weiblichen Gefangenen gedeckt.

Im 19. Jahrhundert sandten auch die noblen Familien der Tscherkessen und der sonstigen muslimischen Gemeinden im Kaukasus ihre Töchter an den Palast, um dem Sultan ihre Treue und Ergebenheit zu zeigen.

Der osmanische Palast bestand aus drei Teilen: der Harem, das Birun und das Enderun. Der großherrliche Harem erstreckte sich zusammen mit dem Harem auch auf das Enderun. Das Enderun war eine Eliteschule für Jungen, die hier als leitende Persönlichkeiten für den osmanischen Staat ausgebildet wurden. Der Harem hingegen war das Haus und die Schule der weiblichen Führerinnen.

Die Frauen, die im Harem als Frauen des Sultans gewählt wurden, erhielten eine sehr gute Ausbildung. Hier lernten sie die osmanische Kultur. Frauen, die heirateten und den Harem verließen, verbreiteten draußen diese Kultur, die sie im Palast erlernt hatten. Die Gedichte von Hürrem Sultan, der Frau des Sultans Süleyman, des Prächtigen, zeigen die Qualität des Sprachenlernens und der Ausbildung in der Literatur im Harem.

Die Mädchen, die neu im Palast waren, wurden "Acemi" genannt, was soviel bedeutet wie „Unerfahrene". In ihrer Neulingszeit wurden den Mädchen der Islam und die türkische Kultur gelehrt. Sie lernten die Benimmregeln, Handarbeit, Tanz und eine Instrument zu spielen und wie man sich unterhält. Die „Unerfahrene" wurde nach ihrer Neulingszeit nach Abschluss einer sehr guten Ausbildung zur Bediensteten erhoben. Die Mädchen, die mit ihrer Schönheit und ihrer Intelligenz in den Vordergrund traten, wurden dem Dienst des Sultans zugeteilt. Das Mädchen, das die Dienste des Sultans verrichtete, wurde "Gedikli" genannt, was soviel bedeutet wie „die Ältere". Die Gediklis wiederum, die das Bett des Sultans teilten, hießen "Ikbal" und "Haseki". Wenn eine Haseki ein Kind auf die Welt brachte, gewann sie ein Vorrecht und konnte bis zur „Valide Sultan", zur Sultansmutter, aufsteigen. Als Valide Sultan wurde sie dann zur Leiterin des Harems.

Die Frauen, die es nicht schafften, die Gunst des Sultans zu erringen, wurden je nach ihrer Intelligenz, ihren Fähigkeiten und ihrer Treue zu Vorsteherinnen des Harems erhoben oder anderen Diensten innerhalb des Harems zugewiesen.

Die Sklavinnen

Die osmanischen Sultane heirateten bis zur Zeit Sultan Bayezid II. Töchter aus Byzanz, den Fürstentümern auf dem Balkan und aus den türkischen Familien der Germiyan, der Tschandarli, Karamanli und Dulkadir. Mit Töchtern aus alt ansässigen türkischen Familien wurde keine Ehe geschlossen. Bayezid II. heiratete Hüsnüschach Sultan aus dem Hause der Karamans und Ayşe Sultan aus dem Hause der Dulkadir. Sultan Bayezid hatte außerdem eine Menge Sklavinnen um sich. Mit der Auflösung der türkischen Fürstentümer in Anatolien nach Sultan Bayezid II. und der Gründung des großherrlichen Harems wurde die

Heirat der osmanischen Sultane und Prinzen ausschließlich mit Sklavinnen zur Staatsmaxime.

Bis auf die Sultan Osman II. (1617-1622) und Abdülmecid (1861-1876) heirateten die osmanischen Sultane ab dem 16. Jahrhundert ausschließlich Sklavinnen. Ein Grund dafür, dass eine Heirat mit Töchtern der türkischen Häuser nicht bevorzugt wurde, war es, einen neuen Machtfokus durch Gründung einer Dynastie zu verhindern.

Der Sultan, der die Sklavinnen ablehnte

Der erste Sultan, der die Tradition einer Heirat mit Sklavinnen brach, war Sultan Osman II. Er heiratete die Tochter des Großmuftis Esad Efendi und die Tochter Pertev Paschas. Doch wurde die Heirat des Sultans außerhalb des Palastes mit frei geborenen türkischen Töchtern, die keine Sklavinnen waren, war dem Volk und den Staatsmännern unerwünscht. Der Sultan brach mit dieser Heirat eine Tradition. Dabei war das Osmanische Reich ein Staat des Status Quo und die Veränderung einer Tradition wurde nicht gern gesehen. Sogar der Großmufti Esad Efendi, dessen Tochter er geheiratet hatte, war gegen diese Heirat. Diese Ehe des jungen Sultans waren ein tief einschneidender Bruch mit der Tradition der Vermeidung einer Heirat mit Töchtern aus noblen Familien, wurde jedoch von den späteren Sultanen nicht weitergeführt.

Die Sultaninnen des Harems

Während in den ersten Zeiten die Töchter der Herrscher „Hatun" genannt wurden, was soviel bedeutet wie „Frau", wurden sie nach der Zeit Sultan Mehmed II. wie ihre Männer „Sultan" genannt, wobei dieser Titel, im Gegensatz zu den männlichen Sultanen, bei den Frauen nach ihrem Namen verwendet wurde. Die Geburt einer Sultanin wurde dem Volk in Istanbul durch Kanonenschüsse und Feste bekanntgemacht. Der neugeborenen Sultanin und ihrer Mutter wurde ein separater Raum und zur Pflege des Kindes Kindermädchen, eine Stillmutter, Vorsteherinnen und Dienerinnen zugewiesen. Die erste Ausbildung erhielt die Sultanin von ihrer Mutter und jedes Mal, wenn sie draußen spielte, begleitete sie ihr Kindermädchen.

Wenn die Sultaninnen das Schulalter erreichten, wurden sie auf Befehl des Sultans eingeschult. Der Sultan wohnte der Zeremonie der Einschulung, die „Bed-i besmele" genannt wurde, persönlich bei. Der Unterricht wurde meistens in den Klassenräumen gehalten, die den Sultaninnen zugewiesen waren.

Die Sultaninnen bekamen ebenso ein bestimmtes Gehalt für die Deckung ihrer persönlichen Bedürfnisse. Die Söhne und Töchter der Sultane erhielten das gleiche Gehalt.

Wenn der Sultan eine seiner Töchter verheiraten wollte, wurde dies dem Großwesir durch einen großherrlichen Erlass mitgeteilt, falls der Heiratskandidat schon festgelegt war. Der Großwesir wiederum teilte dies dem Bräutigam mit und die Vorbereitungen für die Verlobung wurden getroffen. Wenn der Kandidat für die Ehe mit der Sultanstochter bereits verheiratet war, musste er sich erst von seiner Frau scheiden lassen. Manchmal wurden während der Scheidung nicht gerade angenehme Momente erlebt. Wenn die Sultanin, die heiratete eine Sultanstochter oder eine Nichte des Sultans war, die in seiner Gunst stand, wurden die Hochzeiten viel prächtiger ausgelegt. Wer eine Sultanstochter heiratete war nunmehr ein Schwiegersohn des Sultans und konnte sich aus freiem Willen nicht von seiner Frau scheiden lassen. Die Scheidung war nur möglich, wenn die Sultanstochter sich scheiden lassen wollte.

Sultansmütter

Die Mütter der ersten osmanischen Sultane Osman und seines Sohnes Orhan waren Türkinnen. Die Mutter des dritten osmanischen Herrschers, Murad I. (1361-1389) war Nilüfer Hatun, die Tochter des byzantinischen Verwalters von Yarhisar. Die späteren Sultane heirateten Töchter verschiedener Nationen. Somit kamen die Mütter der osmanischen Sultane aus verschiedenen Nationen wie Türkinnen, Griechinnen, Serbinnen, Italienerinnen, Ukrainerinnen, Tscherkessen, Georgierinnen.

Frauen, die den Staat leiteten

Bis ins 16. Jahrhundert standen die Frauen am osmanischen Hof in der Politik nicht im Vordergrund. Die ersten zwei Frauen, die sich in den Vordergrund rückten, waren Hürrem Sultan, die Frau Sultan Süleymans, des Prächtigen, und ihre gemeinsame Tochter Mihrimah Sultan. Die Tatsache, dass Hürrem Sultan die erste Frau des Sultans Süleyman, Mahidevran mit Namen, nach Manisa verbannte, den Prinzen Mustafa umbringen ließ und Rüstem Pascha zum Großwesir ernannte, deutet auf ihre aktive Rolle in Staatsgeschäften hin.

Nach Sultan Süleyman spielten zur Zeit seines Sohnes Selim II. (1566-1574) dessen Frau Nurbanu Sultan und nach ihm, zur Zeit seines Sohnes Murad III., dessen Frau Safiye Sultan eine aktive Rolle in der Leitung der Staatsgeschäfte.

Dadurch dass im 17. Jahrhundert Sultane im Kindesalter auf den Thron gebracht wurden, ergab sich in der Leitung des Staates eine Lücke. Zu dieser Zeit stellten sich in der Leitung des Staates der Harem und die Sultansmütter in den Vordergrund. Dieser Zustand führte im osmanischen Reichs, in dem es im Gegensatz zu europäischen Staaten keine Tradition von „Königinnen" gab, die den Staat leiteten, zu einem großen Dilemma. In mehreren Staaten in Europa wurde die Leitung des Staates durch eine Frau, so wie das Beispiel von Maria Theresa von Österreich Mitte des 18. Jahrhunderts, ziemlich schwer.

Die Geschichtsschreiber dieser Zeiten, die die Leitung des Staates durch Frauen ziemlich merkwürdig fanden, kritisierten die Rollen von Kösem Sultan und Turhan Sultan in der Leitung des Staates. Geschichtsforscher nennen zwischen den Gründen für die Erschütterungen, die das osmanische Reich im 17. Jahrhundert heimsuchten, auch die „Herrschaft der Frauen". Die Verwendung dieser Informationen in der osmanischen Geschichte ohne sie durch den Sieb der Kritik zu schütteln, führte zum negativen Bild von Sultansmüttern, die ständig in Intrigen verwickelt waren. Forschungen in diesem Bereich haben dabei gezeigt, dass das Bild im Gegenteil gar nicht so negativ ist, wie allgemein angenommen wird.

Während all diese negativen Bilder gemalt werden, muss auf einen Umstand besonders acht gegeben werden. Im 17. Jahrhundert, als keine Staatsgewalt herrschte, retteten Kösem Sultan und Turhan Sultan das Osmanische Reich vor einer Lücke in der Leitung des Staates, indem sie diese selbst in die Hand nahmen. Dadurch dass die Sultansmütter das Bestehen der Dynastie vor alles andere stellten, gewährleistete den Fortgang des Staates. Wenn man die Erlasse der Sultaninnen Kösem und Turhan im Zusammenhang mit der Staatsleitung untersucht, kann man leicht erkennen, dass diese beiden Frauen keineswegs ungebildete Frauen waren, die von der Leitung des Staates nichts verstehen.

Die Erlasse der Sultansmutter Turhan Sultan an den Großwesir zeigen deutlich, dass sie von den Geschützen und Ruderern auf den Schiffen bis zu den Steuern, die in Ägypten eingetrieben wurden, von den Sölden der Soldaten bis hin zu der Ernennung des Khans der Tataren, vom Verbot von Feuerwerkskörpern in Eyüp zum Schutz der Umwelt bis hin zur Reinigung von Üsküdar (ein Viertel in Istanbul) von Räubern, zu Recht eine große Anzahl von Staatsgeschäften zu leiten imstande war. Turhan Sultan hatte sogar die Verantwortlichen bedroht, als ihre Befehle nicht rechtzeitig ausgeführt wurden, indem sie sagte: "Untertanen arbeiten nicht, solange das Schwert nicht gezogen wird".

Die Eunuchen des Harems

Der osmanische Harem war seit Zeiten ein Ort, der das Interesse Anderer auf sich zog. Die geheimnisvolle Umgebung des Harems umfasste auch die Eunuchen. Da die Eunuchen in der Leitung der Staatsgeschäfte ebenso eine wichtige Rolle spielten, wurden sie von einigen Geschichtsschreibern als „Araber mit blutigen Händen" dargestellt.

Während der Kastration, d.h. während der Entmannung gab es zuweilen auch Tote. Dieser Prozess war nicht nur muslimischen Staaten eigen, denn auch in Europa wurden in Spanien die weißen, männlichen Sklaven von den Juden kastriert und verkauft. In Mesopotamien, im antiken Griechenland, in Rom, Byzanz und an den persischen Höfen wurden Eunuchen eingesetzt. Auch Angestellte in Tempeln wurden zuweilen kastriert. Im byzantinischen Reich wurden Söhne kastriert, damit sie in der Kirche arbeiten konnten.

Die osmanische Regierung teilte ihren Bedarf an schwarzen Eunuchen den Statthaltern von Ägypten mit. Die schwarzen Eunuchen wurden in Ostafrika aus Äthiopien, aus dem Sudan, Nigeria, Mali, Tschad und Niger mit Karawanen über Sennar und Darfur nach Ägypten gebracht. Der Statthalter von Ägypten wählte zwischen diesen Sklaven die von der Hauptstadt verlangten aus und sandte sie nach Istanbul. Schwarze Sklaven zwischen acht und elf Jahren wurden in ihren Ländern oder in Ägypten kastriert, bevor sie nach Istanbul verschifft wurden. Die Kastrierung wurde als „Entmannung" bezeichnet. Da der Großwesir Ali Pascha, „der Märtyrer" diese Methode missbilligte, verbot er durch einen Erlass, den er im Jahre 1715 nach Ägypten sandte, die Entmannung von Sklaven, aber durch seinem Tod kurz darauf kam diese Maßnahme nicht zur Ausführung.

Trotz des Verlustes ihrer Manneskraft verloren die Eunuchen jedoch nicht alle männlichen Gefühle. Deshalb duldete die Frau des emewitischen Kalifen am Hof nur alte Eunuchen. Im Unterbewusstsein hassten die Eunuchen insbesondere andere Männer, weil ihnen selbst die Manneskraft genommen wurde. Am osmanischen Hof hingegen wurden nur Eunuchen in Dienst genommen, die kastriert und hässlich waren. Die Eunuchen hatten meistens den Geist eines Kindes, spielten gern mit Vögeln und anderen Tieren, aßen viel und kümmerten sich gern um Gerüchte.

Außerhalb des Palastes fanden sich schwarze Eunuchen auch in Harems der Paläste und Häuser von Staatsmännern und Reichen.

In früheren Zeiten wurden die Eunuchen zwischen weißen Sklaven ausgewählt und als weiße Eunuchen bezeichnet. Ab Sultan Mehmed II. (1451-1481) wurden am osmanischen Hof schwarze Eunuchen in Dienst genommen und mit der Zeit stieg die Zahl der schwarzen Eunuchen merkbar an. Der Einfluss weißer Eunuchen, die meistens zwischen Griechen und Bosniern ausgewählt wurden, minderte sich immer mehr.

Parallel zur Vergrößerung des Harems zur Zeit Murads III. (1574-1595) erhöhte sich auch der Einfluss und das Einkommen der Eunuchen des Harems.

Da die Eunuchen ihren Dienst in unmittelbarer Nähe der Räume der Mitglieder des Hauses der Osmanen verrichteten, hatten sie ein enges Verhältnis zum Sultan und den Sultansmüttern. Insbesondere im 17. Jahrhundert, als im Staat eine Autoritätslücke vorlag, spielten die Eunuchen in der Leitung des Staates eine aktive Rolle und ließen ihre eigenen Günstlinge in hohe Stellungen versetzen. Wer den Sultan erreichen wollte, benutzte als Mittel zum Zweck die Eunuchen. Die Staatsmänner, die den ansteigenden Einfluss der Eunuchen nicht gern sahen, versuchten diese vom Hofe zu entfernen, was sie aber nicht schafften.

Die Eunuchen wohnten in separaten Räumen im Harem. Ihre wichtigste Aufgabe war es die Bewohner des Harems zu schützen. Sie beschafften außerdem neue Sklavinnen für den Harem, zahlten die Gehälter der Angestellten des Harems aus, bestimmten deren Beförderungen und Strafen und kümmerten sich um den Ankauf der Gegenstände für den Harem. Während der Hochzeit der Sultanstöchter vertraten sie den Sultan. Als Sultan Mehmed Reşad im Jahre 1909 den Thron bestieg, befahl er den Eunuchen im Harem mit einem Eerlass, dass „die Frauen auf ihre Bekleidung achten und daran erinnert werden sollten, sich moralische angemessen zu kleiden. Frauen sollten nur in Begleitung eines Eunuchen ausgehen und der eintritt von Verkäufern in den Harem verboten werden."

Nach Einführung der administrativen Reformen, des sogenannten „Tanzimat" (1839) verloren die Eunuchen des Harems die meisten ihrer Befugnisse. Mit Gründung des Ministeriums der großherrlichen Stiftungen wurden der Eunuchen ihre Stiftungen genommen. Nach der zweiten Verfassung (1908) verloren sie dann ihren ganzen Einfluss.

Haremphantasie

Für die Europäer war der Harem immer etwas Mystisches, das ihr Interesse weckte und ihre Phantasien schmückte. Sie pflegten sexuelle Phantasien im Zusammenhang mit dem Harem und Hunderte von phantasievollen Büchern wurden darüber verfasst. Dabei war es überhaupt unmöglich, dass christliche Europäer den Harem betreten konnten, der sogar den hochgestellten Persönlichkeiten des Staates verboten war. Trotzdem teilen viele Europäer erdichtete Geschichten in ihren Büchern mit. so erzählt z.B. Rycaut, der Sekretär der englischen Botschaft im 17. Jahrhundert, dass der Sultan, um zwischen den in zwei Reihen aufgestellten Konkubinen die zu wählen, die die Nacht bei ihm verbringen sollte, vor der Konkubine, die ihm gefiel, ein Taschentuch auf den Boden fallen ließ. Jedoch ist diese Informationen nichts anderes als eine Phantasie. Bis auf ein oder zwei Werke, sind alle Werke der Europäer über den Harem nur erdichtet.

Eine Lady im osmanischen Harem

Eine dieser Ausnahmen war Lady Montagu. Sie war die Frau von Wortley Montagu, des englischen Botschafters in Istanbul zur Zeit Ahmed III. (1718-1730), lebte zwischen 1717-1718 in Istanbul und eine der seltenen Europäerinnen, die den Harem betreten konnten. In ihren Briefen schreibt sie, dass die Phantasien von Rycaut keinesfalls der Wahrheit entsprechen und kann sich nicht entnehmen ihre Verwunderung darüber auszusprechen, wie die Europäer, die über den Harem schreiben, den Lesern ihre Phantasien übermitteln, als ob diese wahr seien.

TÜRKISCHE MODE IN SCHWEDEN

Obwohl Schweden ein ziemlich kleines Land ist, spielte es in der Geschichte in militärischer Hinsicht eine wichtige Rolle. Der schwedische König Gustav Adolf II. stellte während den „Dreißigjährigen Kriegen" zwischen 1618 und 1648 in Europa die militärischen Strategien vollständig um. Ein weiterer wichtiger Feldherr aus Schweden war Karl XII.

Karl XII. bestieg den Thron im Alter von 15 Jahren im April 1697. Er, der seine Jugend mit der Jagd und Feiern verbrachte, verzichtete nach seiner Thronbesteigung aufs Feiern, legte seine prachtvollen Kleider ab und kleidete sich wie ein Soldat.

Als König von Schweden kämpfte er jahrelang gegen Dänemark, Russland und Polen, die sich im Frühjahr 1700 verbündeten und Schweden angriffen. Infolge der Tatsache dass Schweden ihnen in Hinsicht auf die Anzahl von Soldaten unterlegen war, glaubten die Verbündeten, einen leichten Sieg gegen Schweden behaupten zu können. Doch Karl besiegte erst Dänemark und dann Polen. Nun war Russland an der Reihe. Er setzte sich gegen die russische Armee in Bewegung, das zu dieser Zeit die Festung im finnischen Golf belagerte. Nach einem schweren Marsch kam der König von Schweden der Festung zu Hilfe und ging trotz der Erschöpfung seines Heeres und ihrer geringen Anzahl zum Angriff über. Obwohl ihr Zar sich persönlich an ihrer Spitze befand, ergriffen die Russen bei der Schlacht am 30. November 1700 die Flucht, indem sie sogar ihre Gewehre zurückließen. Indem er die russischen Gefangenen freiließ, zeigte Karl XII., dass er keinen Wert auf das russische Heer legte.

Die Siege, die der König von Schweden hintereinander mit seiner geringen Anzahl an Heeren behauptete, wurden in Europa zu einem großen Ereignis. Man sprach schon von einem neuen Alexander. Der russische Zar Peter hingegen ging zu dieser Zeit mit Offizieren, die er aus Europa zu diesem Zweck nach Russland brachte, zur Reorganisation seines Heeres über.

Die osmanische Regierung verfolgte die Entwicklungen im Norden Europas aus nächster Nähe und führte Verhandlungen mit Schweden für ein Bündnis gegen Russland. Karl XIII. fiel im Jahre 1707 in Russland ein. Zar Peter, der sich trotz seines modernen Heeres bewusst war, dass er gegen Schweden keine Chance haben werde, ging deshalb auf keine Schlacht ein, sondern ließ alles weit und breit in Feuer legen und verwüsten und zog sich zurück. In der Schlacht von Holovcin war der Sieg wieder einmal auf Seiten von Schweden, aber infolge des Proviantmangels konnte das schwedische Heer nicht bis Moskau weitermarschieren, sondern wendete sich gegen die Ukraine. Auch hier sah man das gleiche Bild. Alles war gebrandschatzt und verwüstet.

Zufluchtsuchende im Osmanischen Reich

Karl XII. führte den Feldzug trotz Mangel an Soldaten und Munition fort, musste sich aber dieses Mal dem Winter von Russland stellen, der in späteren Zeiten auch Napoleon und Hitler zum Verhängnis werden sollte. Das schwedische Heer erlitt infolge der schweren Winterbedingungen schwere Verluste. Karl begegnete letztendlich in Poltava an den Ufern der Worskla in der Ukraine dem russischen Heer. Da er ein Paar Tage vor der Schlacht verwundet worden war, konnte er die Schlacht nicht sehr gut leiten und erlitt am 8. Juli 1709 in der Schlacht von Poltava eine schwere Niederlage. Obwohl Karl eine zeitlang auf seiner Krankenbahre weiterkämpfte, musste er letztendlich flüchten, als ein Teil seiner Soldaten sich ergab und fand nach einem schweren

Marsch von fünf Tagen und fünf Nächten eine Zuflucht im Osmanischen Reich.

Das russische Heer verletzte den Vertrag von Istanbul aus dem Jahre 1700, setzte über die Grenzen in osmanisches Gebiet über, um die Schweden zu verfolgen und am Ufer des Assow Schweden an, die hier auf ein Boot warteten. Obwohl der schwedische König sich retten konnte, wurden ein großer Teil seiner Soldaten von den Russen niedergemacht.

Als der osmanische Sultan Ahmed III. (1703-1730) Nachricht davon erhielt. gab er den Befehl, Karl XIII. als Gast anzunehmen, ihn so zu behandeln, wie es einem König gebühre und seine Kosten aus der osmanischen Schatzkammer zu decken. Der König erhielt ein tägliches Gehalt, solange er sich als Flüchtling im Osmanischen Reich aufhielt.

Die Absicht Karls XIII., als er Zuflucht im Osmanischen Reich suchte, war es hier höchstens zwei Wochen zu verweilen, seine Kräfte wieder zu sammeln und in sein Land zurückzugehen. Doch er lebte fünf Jahre und drei Monate als Flüchtling im Osmanischen Reich.

Ein Jahr nach diesem Ereignis brach infolge des kompromisslosen und feindlichen Verhaltens des russischen Zaren Peter I. gegen die Osmanen der Krieg zwischen diesen beiden Mächten aus. Das osmanische Heer unter dem Großwesir Baltadschi Mehmed Pascha gewann in der Schlacht am Pruth im Juli 1711 einen großen Sieg gegen die Russen.

Rückkehr nach Schweden

Da die osmanische Regierung nach diesem Krieg nicht geneigt war, ihre Streitigkeiten mit Russland fortzuführen, wollte sie Karl XII. in seine Land zurückschicken. Der König jedoch wollte keineswegs zurückgehen und suchte Zuflucht in der Behauptung, die Wege seine nicht sicher. Doch später, im August 1714 verabschiedete sich Karl XII. vom Sultan der Osmanen und verließ das osmanische Gebiet. Der König ließ sich vor seiner Abreise zusammen mit seinen 15 Offizieren einen Bart wachsen, damit er auf dem Weg nicht erkannt wurde. Im November 1714 kam er in seinem Land an.

Infolge der Abwesenheit ihres Königs war Schweden in eine miserable Lage geraten. Karl unternahm zwar einen Feldzug nach Norwegen, um die Spuren der Niederlage durch einen Sieg zu verwischen, starb aber während der Belagerung von Friedrichshald im Jahre 1718 durch einen Schuss im Alter von 36 Jahren.

Türkische Mode in Schweden

Der Aufenthalt Karls XII. in der Türkei, während der er die Kultur des Orients kennengelernt hatte, hinterließ in Schweden tiefe Spuren, die in die Gegenwart übertragen wurden. Nach der Rückkehr des schwedischen Königs kamen Dolma (gefüllte Paprika), Eisscherbet (eine Art Eis mit Sirup) und der Kaffee nach Schweden. Wörter wie "Kalabalık (Menschenmenge), Sofa, Yıldırım (Blitz), Yaramaz (Schelm), Köşk (Schloss), Divan" gingen in die schwedische Sprache ein.

Der König von Schweden war von der Stadtplanung im Osmanischen Reich beeindruckt. In Stockholm versuchte er in gleichem Stil eine Planung durchzuführen und ließ Parkanlagen anlegen. Er nannte zwei seiner neuen Schiffe Jilderim, abgeleitet aus „Yıldırım" und Jaramas, aus „Yaramaz". Schwedische Schiffe tragen auch heute noch diese Namen.

Die nie beglichenen Schulden Schwedens

Die osmanische Regierung deckte sämtliche Kosten des Königs von Schweden und seines Gefolges während seines Aufenthalts von fünf Jahren und drei Monaten und gab lieh dem König Geld. Bei seiner Rückkehr in sein Land erhielt sie von Karl XII. zwei Wechsel für diesen Kredit. Die Hohe Pforte, d.h. die osmanische Regierung, sandte im August 1726

Kosbektschi Mustafa Aga nach Schweden als Botschafter, um die 3 Millionen Silbertaler zurückzuverlangen. Mustafa Aga kam nach einem einjährigen Aufenthalt in Stockholm nur mit einem kleinen Teil des Geldes zurück. Im Jahre 1730 ging Mehmed Said Efendi nach Schweden, um sowohl die Thronbesteigung Mahmuds I. anzukündigen, als auch die Forderungen einzufordern. Doch war Said Efendi nicht imstande infolge der schlechten wirtschaftlichen Lage Schwedens, die Forderung einzutreiben.

Der schwedische König Friedrich sandte kurze Zeit später einen Botschafter nach Istanbul und schlug vor, die Schuld mit der Lieferung von Waffen zu begleichen, weil Schweden kein Geld hatte. Da die Hohe Pforte sich bewusst war, dass sie ihre Forderungen anders nicht eintreiben konnte, musste sie diesen Vorschlag annehmen. Schweden akzeptierte im Jahre 1738 ein Schiff und 30 Tausend Gewehre zu senden. Der Wert der Waffen war bei weitem nicht genug, die Schuld Schwedens zu begleichen. Doch Sultan Mahmud I. strich den Rest der Schulden auf Grund der Freundschaft, die zwischen diesen beiden Staaten herrschte. Im Jahre 1740 gingen das Osmanische Reich und Schweden ein Bündnis gegen Russland ein. Das Osmanische Reich gab Schweden im Jahre 1742 einen Kredit über 200 Tausend Piaster. Im Jahre 1789 wurde erneut ein Bündnis geschlossen und 1791 stellte das Osmanische Reich Schweden zwar Subsidien in Höhe von 400 Tausend Piastern zur Verfügung, obwohl es ihm selbst finanziell nicht gut ging, aber Schweden hatte seiner schweren Lage keine andere Wahl, als sich mit Russland zu einigen.

BIBLIOGRAPHIE

An Economic and Social History of the Ottoman Empire : 1300-1914, Halil İnalcık-Donald Quataert, Cambridge : Cambridge University1994.

A History of the Ottoman Empire to 1730 : chapters from the ca : chapters from the Cambridge History of Islam and the New Cambridge Modern History, ed. M. A. Cook. Cambridge : Cambridge University Pres 1976.

Bruce W. McGowan, "Food Supply and Taxation on the Middle Danube, 1568-1579", *Archivum Ottomanicum,* I (1969), s. 139-196.

Carl Max Kortepeter, *Ottoman Imperialism During the Reformation: Europe and the Caucasus,* New York 1972.

Carl Göllner, *Turcica, Die Europaischen Türkendrucke des XVI. Jahrhunderts, I-II,* Bucuresti-Berlin 1961.

———, *Turcica, Die Türkenfrage in der Öffentlichen Meinung Europas im 16. Jahrhunderts, III,* Baden 1978.

Caroline Finkel, *The Administration of Warfare: the Military Campaigns in Hungary, 1592-1606,* Wien 1988.

Christians and Jews in the Ottoman Empire, I-II, ed. Benjamin Braude-Bernard Lewis, New York 1982.

Christine Isom Verhaaren, "An Ottoman Report About Martin Luther and the Emperor: New Evidence of the Ottoman Interest in the Protestant Challenge to the Power of Charles V", *Turcica,* 28 (Paris 1996), s. 299-317.

Christine Isom-Verhaaren, *Ottoman-French Intraction, 1480-1580: A Sixteenth Century Encounter,* Chicago University, Doktora Tezi, 1997.

Dorothy Vaughan, *Europe and the Turk: A Pattern of Alliances, 1350-1700,* Liverpool 1954.

Franz Babinger, *Mehmed der eroberer und seine zeit,* München : F. Bruckmann, 1953

———, Aufsaetze und abhandlungen zur geschichte Südosteuropas und der Levante, I-III, Aufsaetze und abhandlungen zur geschichte Südosteuropas und der Levante 1962-1967.

Gábor Ágoston, Guns for the sultan : military power and the weapons industry in the Ottoman Empire, Cambridge: Cambridge University 2005.

Halil İnalcık, *The Ottoman Empire: the classical age 1300-1600,* London : Weidenfeld and Nicolson, 1973.

———, *The Ottoman Empire: conquest-organization and economy,* Variourum Reprints, 1978.

———, *Studies in Ottoman social and economic history,* Variourum Reprints, 1985.

———, From empire to republic : essays on Ottoman and turkish social history, İstanbul: Isis 1995.

———, *Turkey and Europe in History,* İstanbul: Eren 2006.

———, "Turks and the Crusades, 1329-1451", *A History of the Crusades. Volume Six. The Impact of the Crasades on Europe,* VI, ed. Kenneth Setton, Madison 1990, s. 222-275.

———, "Ottoman Turks and the Crusaders, 1451-1522", *A History of the Crusades, A History of the Crusades. Volume Six. The Impact of the Crasades on Europe,* VI, ed. Kenneth Setton, Madison 1990, s. 311-353.

Hans Joachim Kissling, *Dissertationes orientales et balcanicae collectae : das derwischtum,* München : Rudolf Trofenik, 1986.

———, *Dissertationes orientales et balcanicae collectae : sultan Bajezid II. und der westen,* München : Rudolf Trofenik, 1988.

———, *Dissertationes orientales et balcanicae collectae : die Osmanen und Europa,* München : Rudolf Trofenik, 1991.

İlber Ortaylı, Studies on Ottoman transformation, İstanbul, Isis 1994.

Imperial Legacy: the Ottoman imprint on the Balkans and the Middle East, ed. L. Carl Brown, New York : Columbia University Press 1996.

Joseph von Hammer, *Geschiste des Osmanischen Reich*, I-IV, Pesth : Harlaben's Verlag, 1834-1835.

Kaldy Nagy, "The Cash Book of the Ottoman Treasury in Buda in the Years 1558-1560", *Acta Orientalia Hungarica*, XV, s. 173-182

Kemal Beydilli, *Die Polnischen königswahlen und interregnen von 1572 und 1576 im lichte Osmanischer archivalien- ein beiutrag zur geschichte der Osmanischen Machtpolitik*, München : Dr. Rudolf Trofenik, 1976.

Kenneth Setton, *The Papacy and the Levant, 1204-1571*, I-IV , Philadelphia 1971-1984.

M.S. Alderson, *The Eastern Question 1774-1923*, Londra 1966.

Nicolae Jorga, *Geschichte des Osmanischen Reiches*, I-V, Gotha : Academie Imperiale des Science, 1908.

Ottomans, Hungarians, and Habsburgs in the Central Europe. The Military Confines the Era of Ottoman Conquest, ed. Géza Dávid-Pál Fodor, Leiden-Boston-Köln 2000.

Ottoman Civilization, I-II, ed. Halil İnalcık-Gülsel Renda, Ankara 2003.

Suleyman the second and his time, Halil İnalcık, Cemal Kafadar. İstanbul : İsis 1993.

Rhoads Murphey, *Ottoman Warfare 1500-1700*, London 1999.

Ivan Parvev, *Habsburg and Ottomans Between Vienna and Belgrade (1683-1739)*, New York 1995.

Linda Darling, *Revenue-Raising and Legitimacy, The Collection and Finance Administration in the Ottoman Empire 1560-1660*, Leiden 1996.

Leslie P. Peirce, The imperial harem : women and sovereignty in the Ottoman Empire, New York : Oxford University, 1993

Cornel Fleischer, Bureaucrat and intellectual in the Ottoman Empire : the historian Mustafa Ali (1541-1600), Princeton : Princeton University 1986.

R. Rouillard, *The Turk in French History, Thought, and Literature (1520-1660),* Paris 1938.

Robert Schwoebel, *The Shadow of the Crescent: The Renaissance Image of the Turk,* 1967.

Stanford J. Shaw-Ezel Kural Shaw, *History of the Ottoman Empire and modern Turkey : empire of the Gazis : the rise and decline of the Ottoman Empire,* I-II, Cambridge : Cambridge University 1977.

The Ottoman state and its place in world history, ed. Kemal Karpat, Leiden : E. J. Brill, 1974.

Zinkeisen, *Geschichte des Osmanischen Reiches in Europa,* I-VII, Hamburg 1840-1863.